U0903295

图书在版编目（CIP）数据

云巅创新 : 阿里巴巴全球创业者洞察 / 胡勇等著
. -- 北京 : 人民邮电出版社, 2019.2
ISBN 978-7-115-50510-1

Ⅰ. ①云… Ⅱ. ①胡… Ⅲ. ①企业管理－技术革新－研究 Ⅳ. ①F273.1

中国版本图书馆CIP数据核字(2018)第287573号

◆ 著　　　胡　勇　刘湘明　田　丰　王　岳
责任编辑　恭竟平
责任印制　周昇亮

◆ 人民邮电出版社出版发行　　北京市丰台区成寿寺路 11 号
邮编　100164　　电子邮件　315@ptpress.com.cn
网址　http://www.ptpress.com.cn
三河市中晟雅豪印务有限公司印刷

◆ 开本：880×1230　1/32
印张：6.625　　2019 年 2 月第 1 版
字数：135 千字　　2019 年 2 月河北第 1 次印刷

定价：59.80 元

读者服务热线：(010)81055296　印装质量热线：(010)81055316
反盗版热线：(010)81055315
广告经营许可证：京东工商广登字 20170147 号

推荐序一

云端之上，梦想之殿

陈威如
阿里巴巴产业互联网中心执行主任
湖畔大学教授

在这个快速变化的年代，我常告诉许许多多想要创业、即将创业、正走在创业道路上的人们，创意如思想花火，但也许又是障碍，创造可能改变世界也可能是白忙一场，创业像人生的重生或是心累而死亡。是的，创业就是如此不易，每个走过的人都经历过天堂与地狱的洗礼。创业的人如果没有英国前首相丘吉尔所展示的勇气——将很难在这条路上顺利走到胜利的那一刻，成功就是面对接连的失败而不失去热情。

大数据、云计算与人工智能，近两年来已经成为人们朗朗上口的显学，也是新创企业投入的主旋律之一。过去只能在电影、电视创想的科幻场景，似乎渐渐地来到人们的日常生活。然而，当人们沉溺在对未来人工智能时代的无限想象，忧心人类是否会被机器智能所取代时，若能收回眼光省思自己生存的现实世界，会发现想象与现实存在着偌大的落差——此时的人类并没有自己以为的那么进步与文明。人类对自身的大脑和所处的宇宙仍然一样未知，众多疾病仍未克服，我们一样要在机场等待很久才能坐上去往另一个空间的班机，学校仍以两百年前发展的基本模式在教育着迈向新时代的下一代。我们生活的方方面面，都还需要巨大的创造力与实践力去突破、去改变、去应用，而这些，没有带点疯狂、充满想象、前仆后继的创业者群体共同努力，是不可能达成的。

运用数据、算力、智能学习来完善现有人类生活的不足之处，在许多场景都可以创想与实行。而这些技术的终极应用，应该是要让人类“最终活得像个人，并且为自己而活”，在工业时代的成年人已经好久没有像个人一样地活着了！马斯洛的需求层级，是依生理、安全、社交、自尊、自我实现逐次而上。而在智能时代生存范式革命的第一个场景，是将这些需求用创新来真正地满足，让人们在打车时不必担心人身安全问题，在社交场合可以做自己，在公司工作能够保有尊严与实现个人的理想。

今日，机器对人类的意义，从生产工具转向私人助理，将来，它将转为友伴的角色。想象将来有一天，每个人从出生就被给予一个智能友伴，它可以随时觉察每个人个性化的需求，并给予满足。友伴可以随时监控婴儿的哭声来辨别他们的需要，内建的程序可以冲泡牛奶给予及时喂养，可以实时测知婴儿的智力程度、天赋或不足，并且给予相应所需的陪伴、教育或训练，可以监护婴儿的人身安全并给予保护。母亲的物理职责可以极大地降低，并专注在情感与爱的给予，以及智能友伴随着年龄增长的更新与汰换。

另外一个例子是在商业消费的场景，消费者、生产者、渠道的界限将被打破，从我思故我在，变成我思物就在。人们身边的智能友伴，可以让每个人的思考即刻化为现实，并透过信息及实体资源的急速连接互动，达成交互与交换的目的。对个人而言，这是达成个性化生活的极致，是自己的需求自己满足的一个境界，而企业的机会在于填补达成此种个性化满足的空缺。具体举例来说，假设今日我发现自己需要一件礼服，我可以让智能友伴扫描我的身材体形，并告知我想要的礼服样式，要求智能友伴及时设计。如果我的身边有材料可以生产，则我自己就可以及时制作出来；如果没有，我可以交由最近的具有材料与制衣功能的智能友伴实时生产出一件完全个性化的产品。那个帮我生产的邻近友伴的主人，可能对于制衣特别有经验、有想法。在这种场景下，商业机会来自于用大数据进行材料的研发与拥有，以及提供物流的便利性。在基础设施成本较小的商品开发上，人们将可以借助智能友伴的辅助，达成及时设计、生产及交换。

人工智能时代的需求与机会无处不在，关键是人们如何察觉、掌握与实现。阿里云的使命是“让天下没有难创的业”，正是感知了创业维艰，阿里云希望以自身资源辅助那些有花火、想改变世界、不想让人生白活一回的初创企业。阿里云本身就是在引领世界、迎接未来，让计算算法和人工智能的技术不再变得遥不可及，让想依托云科技为人类创新生活的有志之士能有开始立足之处。本书正是通过介绍阿里云创业孵化或与阿里云共同合作的人工智能相关创业公司的案例，让读者学习到人工智能的应用正逐渐发展在世界的各个层面。文中各个案例，皆生动介绍每个智能技术公司的创业设想与机会、切入的层面与角度、对适用人群或客户的增益之处，以及面对未来的可能挑战与发展。除此之外，书中也对商业社会的演化进程以及创新的理论模型加以讨论，值得有志朝此方向前进的读者加以参考。

如萧伯纳所言，理智的人改变自己适应世界，不理智的人企图改变世界适应自己，而恰恰是那群不理智的人创造了历史。人工智能时代是充满梦想的时代，帮助人类世界化梦想为现实，有志者需要加入“诸神之战”，登入云端之上，方能进入梦想之殿。

推荐序二

诸神之战——汇聚全球创客群体

沙　惟

阿里云创业孵化事业部副总经理

阿里巴巴全球诸神之战创客大赛总导演

“诸神之战”这个词取自2010年上映的一部好莱坞奇幻剧，讲的是一群神族出身的年轻人必须依靠团队去拯救整个人类世界的故事。

很美式，也很简单。

就像阿里巴巴的使命“让天下没有难做的生意”一样，直白，好理解。再对比到创业者身上，也一样：虽然出身不一样，行业不一样，但留在骨子里的血液是一样的。

我自己是个失败的创业者，2005年，我与人合伙成立了一个广告公司，就在北京东三环，租了一套商住两用房，白天用作办公室，晚上当卧室，白天出门谈业务，晚上画图做设计。就这样忙忙碌碌过了8个月，终于扛不住了，关掉了。

这样的经历对于一个创业者而言或已司空见惯，但是这种打击却给当年年轻气盛的我带来了一定的心理阴影，直至今日，我仍记得当时每晚睡在白天与客户讲方案的沙发上，每天早上醒来都想着今天要赚点钱，吃一顿14元钱的宫保鸡丁。也许正是这样的经历让我对创业者充满了敬佩，也就是这样的敬佩之情让我更希望自己能为创业者做点什么。

2015年3月，阿里云正好分拆出创业孵化事业部，我得知上一年的绩效是3.25（绩效不达标），心理极度的不平衡激发了我当年创业的那股不服输的劲儿，于是，我自愿申请到了该部门，承担起“双创”活动的落地。

那一年，双创的热潮成了整个社会的焦点，创业大街、孵化器、共享办公等一系列热词充斥在朋友圈中，各大部委也开始发起各种各样的双创大赛。作为阿里的双创，不管能做什么，该做什么，想做什么，都已势在必行，但我们还是冷静地思考，也通过与合作伙伴大量的对接来反观当时的双创。在阿里看来，双创是个长线战役，需要用3～5年来观察，当下基本上所有的创业氛围都只是当年塑造的。这样的场景对于一个创业者而言，既是好事又是坏事，说好事是因为基本上每天都能遇到投资人，每周都有项目融到资。而这种貌似热闹的气氛对于创业者而言并不是一个好现象。从平台的思维来看，单独的投融资只是创业服务的一环，而搭建并且完善整个创业链条才能建立出一个孵化平台。现有的各类创业机构或者活动都属于独立不连接的板块，并且能够给予的扶持有限，甚至还有大量收取创业者服务费用的商业模式诞生。在我们看来，这不仅不能给予创业者真正的服务，反而还会使整个创业的环境变得不健康。

流量、资金、人才是创业者最需要的三个要素，纵观整个创业服务市场，几乎所有的机构都说能够全部提供，但几乎所有的机构都没办法兑现。而在我们内部，打通内部的资源是最难的，但最有价值的地方往往就在这里，流量我们去找淘宝、天猫，资金我们去找战略投资方和联名基金，人才我们去找人力资源和阿里组织部。当“创客+平台”慢慢成形时，我们发现是时候需要通过一些形式号召一些优秀的创业者来参与并且同我们共同成长了。于是乎，诸神之战大赛的念头出现了。

2015年，8个城市，120天，1 387个项目；2016年，17个城市，130天，1 574个项目；2017年，27个城市，145天，2 368个项目；2018年，30个城市……（截至出稿时，还在进行中）

这三年多来，几乎没人相信这个大赛的背后是我一人在推动，几乎所有的人都问我，你是怎么撬动这么大的一个事件的？

实际上，我花了一半精力在这个大赛上，另一半精力在做商务拓展。运营只是我这么多年最想做却又发现瓶颈越来越大的事情。当发现运营越往上越难时，我适当地去承担一些新的业务，给运营打开了一个全新的角度，我发现，这样能运用运营的思路去给新的业务带来新的启发，又能从新业务中找到运营的新玩法，我觉得这可能就是所谓的“跳出业务看业务”吧。

再来看看三年中，通过诸神之战本身所看到的双创的变化。2015年是双创的元年，也可以算是云计算、大数据慢慢让大众认知的关键一年，加上滴滴、快的的合并，在那一年的项目中，我们发现有很多典型的从前几年商业模式中衍生出来的模式创新项目和一些浮现出来的技术创新项目。比如，类似于生活管理软件、租车软件、垂直O2O的衍生等针对C端用户的模式创新，还有一些类似智能硬件、大数据的探索的出现也让我们感受到了第一年双创热潮带来的与以往不同的感觉。最终大赛的冠军是湖南某高校的一位副教授，他做的是针对用户生活管理的小工具插件，而第3～5名都是关于大数据垂直领域方面的一些探索，当然，在2015年，敢投资这些领域的人还不多，基本上都还扑在O2O上。

2016年有了不一样的变化。随着赛区边界的拓宽，大数据应用场景的增多，云计算在国内的逐步爆发，越来越多的技术领域的应用出现在我们面前，加上共享经济的大规模爆发，模式创新开始出现了危机，团队的精英化也可以凸显巨大的被投潜力。在最终17个入选总决赛的项目中，近70%都属于技术创新，不乏智能硬件、医疗健康、AR/VR等，并且在具体行业领域已经出现了深度结合的场景。另外一些平台类项目，如杭州、深圳的项目都是在互联网巨头还未转身顾及大数据平台建设时便悄然开始布局自身的业务。令人吃惊的是，其业务增长曲线漂亮得惊人。最终大赛的冠军是来自斯坦福大学的博士后团队所针对药物结构重塑的应用。在对17个团队中的10个团队进行跟进时发现，有8个团队在一年内获得了超过1 000万元人民币的下一轮投资。这样的筛选成功率让我们感到非常欣慰。

2017年，在上海张江管委会的支持下，阿里云迎来了新的全球创业大比拼。这次战火燃烧的范围更广，项目带来的惊喜度同样不亚于2016年。我们越来越感觉到，全球的优质人才或者优质项目都开始真正重视中国市场，这是与前两年最大的区别。比如来自特拉维夫的物流项目，特意强调了全球化物流中中国物流的重要性及提升解决方案；来自硅谷的中小企业效率提升平台从2018年开始全面进入中国。最终的冠军是来自纽约的癌症切片数据研究项目团队，大赛后全面开始中国化，已经确定了中国巨头的千万美元投资。与前一年相比，2017年最终的27个项目中，只有1个是模式创新，其余26个都是纯技术创新或者垂直领域技术创新呈现。这样的变化在我们意料之中，也在意料之外。意料之中是因为大数据随着云计算的爆发带来的行业的数据垂直化已成大势所趋；意料之外是没想到这才一年的时间就带来了如此大的变化。

未来又会是什么样呢？我们拭目以待！

目 录

中去才能真正解决当时面临的问题。

第6章 成长的烦恼 094

罗马并非一日建成，为它奠基的是阴谋和战争中的牺牲品。同样的道理，在一家成功做大的创业公司背后，往往有数十家“铺路”的公司。

第7章 公司时代 129

尽管美国的影响力正受到越来越大的挑战，传统经济体系的活力逐渐枯竭，现有的生产力手段无法彻底解决资本主义内在的固有矛盾，但是，互联网和新的技术、商业模式的革命又开始让美国焕发出新的生机。

第1章

云上实现梦想

“创新是生产要素的重新组合，是建立一种新的生产函数。”

——熊彼特

这是一个最坏的时代，市场环境瞬息万变，竞争对手快速崛起，盛极一时的大企业雪崩式消亡。这又是一个最好的时代，多变的市场隐藏商业空间，任何有梦想的人都能用科技改变商业规则，在实现自己梦想的同时，造福大众。

淘宝让天下没有难做的生意，阿里云让天下没有难创的业，这是一个使命，更是一种责任。按照熊彼特创新理论，科技是商业世界中最多变、普惠的生产要素。如二维码取代POS机；FinTech将收款成本降低为原来的千分之几，击穿传统行业的成本“底线”；又如，盒马30分钟瓜果生鲜送货上门，品种比便利店更丰富，品质比自家冰箱里的更新鲜；RetailTech提供上千倍的网红商品选择；再如，VIPKID让数万北美外教面授30万名中国学生；EduTech让下一代中国青少年与全球视野“零时差”……衣食住行游购娱的便捷服务，在20年前是匪夷所思的科幻故事，在10年前是成本高昂的商业理想，而在今天是百姓习以为常的生活必需品，这就是云上普惠科技带给我们每个人的好处。云计算，让人人变成梦想家。

什么是创新？“创新就是不考虑现有资源的限制，追寻机遇。”

哈佛商学院霍华德·斯蒂芬孙教授如是说。创业资源如何突破限制？从公有云上动手。云作为一种普惠基础设施，最近10年已经从研发实验室走入寻常百姓家，如河水孕育城市文明一样，公共计算孕育出新商业的明日之星，让大学生、程序员、产业专家、高校老师、街边店老板、设计师这些身边的普通人，都能在云上凭借一技之长实现自己的梦想。有些创客异军突起、光彩夺目，有些造梦者则在边缘积蓄力量。阿里云如同普罗米修斯，将“创新之火”盗入人间，从此“一带一路”、金砖五国、欧美华人的梦想遍地开花、结果。

2018年，根据联合国“世界知识产权组织”发布的“全球创新指数”排名，中国首次进入了世界前20的行列，从2017年的第22名升至第17名。“大众创业、万众创新”背景下，国家对创新能力的战略导向获得了联合国的肯定，即发展世界级的创新能力，以知识密集型产业为基础调整经济结构，并依靠创新来保持国家竞争力。创新已经成为我国发展的重要动能，国家对于创新的重视为企业提供了前所未有的发展机遇，一场创新革命悄然展开。

“2015年是阿里全球化的元年。”阿里巴巴集团 CEO 张勇在委任高盛前副主席迈克·埃文斯（Michael Evans）担任集团总裁兼执行董事时曾经这样说道。2015年，阿里云创新中心（Alibaba Cloud Innovation Center）举办了第一届“诸神之战全球创客大赛”（The Create@Alibaba Cloud Startup Contest，CACSC），加速云计算对全球中小创业企业的科技孵化。

当时正值好莱坞电影《诸神之战》（*Clash of the Titans*）上映，阿里云创新中心运营总监沙惟觉得应该为这个汇聚全球梦想家的项目起一个大气且被东西方文化都能理解的名字，于是，阿里云全球创业者大赛的品牌“诸神之战”诞生了。

2015年，第一届比赛报名项目达到了1 374个，到了2016年，参赛项目并没有显著增长，但是最大的变化在于，对比上一年设置的包括香港地区在内的8个赛区，2016的诸神之战新比赛赛区增加到了19个，新设了包括波士顿、巴黎、首尔、迪拜等在内的海外赛区。

获得各个赛区冠军的企业最终的融资规模也从8亿元人民币增加到了20亿元人民币。其中，2016年美国赛区的冠军队伍 Vibronix 主攻医疗成像和传感器，其估值高达1亿美元，而这一年的决赛冠军团队晶泰科技因为在药物智能研发上的建树在2018年年初完成了1 500万美元的 B 轮融资。

这是中国互联网企业第一次举办如此大规模的创业创新比赛，同样也是中国互联网企业第一次有意识去吸引海外的优秀创业团队，让中国和其他国家及地区的创业者平等竞争。

何处没有云计算，为什么要选择中国？何处没有生意，为何要敞开大门走向世界？实际上，中国走上改革开放之路40年，中国和世界实现互联网共通到今天也只有20多年的时间。这就意味着，年轻一代中国科技创业者在学习西方商业模式的同时，需要“以小博大”、“变轨创新”、发现增量，青出于蓝而胜于蓝，帮助中国创客扬帆出海，让外国市场对接中国，走出舒适区，在国际竞争中取长补短，进化出更强大的中国商业模式与创业团队。

这便是诸神之战的意义和价值。

这正是科技产业化与市场全球化的普世价值。

这恰是历史与文明遇到贸易摩擦时执着前行的初心。

第2章

技术的力量

混沌之上又是混沌，旋转着涌向浅色的轴心，那是涡流，那是气旋。凝定，静止，铺展在半个苍穹。

——《深渊上的火》(*A Fire upon the Deep*)

新技术的出现及应用一次又一次地改变了历史的进程，而在历史的大潮之中，整个商业的变迁同样引人注目。

从18世纪至今的两百多年历史中，人类社会取得了比过去两千年更为丰富发达的物质进步和成果。

第一次工业革命最大的成果之一就是工厂这种新的生产组织形态的出现，而随着生产效率的提高以及由此产生的一系列效应，最终，一个由熟练工人组成的中产阶级群体逐渐崛起，城市化速度也随之猛烈提升。在随后的科学时代里，科学技术不仅被应用到产品，而且也被成功推广至市场中。流水线生产应运而生，福特更是将这种新的生产形态发展到登峰造极的境地，同时，这位伟大的企业家还以高瞻远瞩的视野将增加工人福利纳入了自己的企业目标之中。

生产力的进一步跃升和工人收入水平的不断增加极大地促进了城市人口的聚集。1800年，美国的城市人口占总人口的比重只有6%，到了1900年，这一数字已经增加到了40%。因此，经济上的聚集效应开始以前所未有的程度体现出来，庞大的城市消费群体为新的技术革命和新兴市场的出现提供了天然的优势。

自20世纪80年代开始，数字革命在美国蔚然兴起，并迅疾在全球范围掀起了一场互联网革命，人类社会进入了网络时代。

而第四次工业革命的浪潮不仅仅意味着新的软件、原材料、技术和网络服务的大规模应用，它更意味着一种新的工厂生产形态的成熟。福特曾说，汽车消费者可以买到任何他们想要的颜色的车，只要是黑色的就行。（A customer can have a car painted any colour he wants as long as it's black.）但是，现在这种统一化的大规模生产开始逐渐让位于定制化生产，用户/客户个性化的需求开始在生产和市场中扮演起越来越重要的角色。人工智能、机器人、物联网以及自动驾驶等技术的出现和成熟正以空前的姿态改变着我们的世界。

现在，我们正处在“工业4.0”的时代。

世界经济论坛创始人克劳斯·施瓦布（Klaus Schwab）曾经指出，第四次工业革命的到来给商业带来了史无前例的冲击和颠覆。

在供给侧，各个行业和公司开始越来越热衷于寻找那些新的技术，这些新技术不仅能服务于既有的需求，同时还将打破传统的价值链，研发、市场、销售分发等诸多环境的新变量使得新的竞争者有了更多的机会去击败传统的优势企业。在需求侧，同样也发生着类似的变化，不断增加的透明度、新的用户触达方式、日新月异的用户行为模式等因素使得各个公司迭代优化其产品服务策略。

那些结合供需端的技术驱动平台的发展更是这个时代商业经济发展的一大趋势。共享经济、按需（on demand）经济等模式如雨后春笋般出现，现有的产业结构因此被击碎，借助智能手机的力量，这些新的模式将人和数据汇聚在一起，由此创造了全新的消费和商业模式。

我们可以看到，技术的积累发展和商业的互动呈现出重叠加速的趋势，在既有技术的基础上，越来越多的创新和创新公司不断涌现出来，进而吸引了更多的资本投入，新的技术从理论到应用再到大规模商业化的过程不断缩短，而这又进一步推动了创新创业本身的活跃程度。

早在20世纪50年代，莫顿·海利希（Morton Heilig）就提出了“体验剧场”（Experience Theater）的概念，即通过在屏幕上呈现包含各种体验的内容来吸引观众。1960年，海利希获得了 Telesphere Mask专利，这项专利是一台为用户提供涵盖视觉、听觉及嗅觉在内的电视设备。

1962年，他推出了 Sensorama 的原型并拍摄了5部短片，在1968年，伊凡·苏泽兰（Ivan Sutherland）和学生共同开发出了现在公认的世界上第一款应用于沉浸式模拟体验的头戴设备。VR 终于真正进入到实际应用阶段，在此后的将近20年间，VR 在医学、飞行模拟及汽车设计等行业中得到了广泛应用。

1979年，埃里克·豪里特（Eric Howlett）开发出了“大跨度，超视角”（large expanse, extra perspective，LEEP）视觉系统，并在1985年被 NASA 重新设计后用于开发其 VR 应用。事实上，现在绝大多数的 VR 头盔的理论和技术源头都可以追溯到将近40年前的那套系统。

20世纪80年代，VR 开始变得越来越火热，甚至连游戏公司雅达利都在1982年设置了一间实验室用来研发相关技术，尽管很快该实验室就随着“雅达利冲击”而偃旗息鼓。但是，VR 天然具备的体验优势使得游戏公司当仁不让地成为该技术最激进和狂热的先行者。1991年，世嘉推出了 Sega VR；3年之后，世嘉推出的VR 设备不仅可以追踪反馈用户头部运动，还可以提供3D画像；而到了1995年，任天堂推出了 Virtual Boy；同一年，PC 上的 VR 头盔 VFX1面世，支持的游戏包括《网络奇兵》（*System Shock*）和《雷神之锤》（*Quake*）。

到了2010年，当时仅仅只有18岁的帕尔默·拉奇（Palmer Luckey）开发出了 Oculus Rift 的第一台原型机。4年后，VR市场迎来了井喷式的发展。

首先，Valve 公布了他们的 SteamSight 原型机，并宣布在2016年发售。接着，Facebook 以惊人的20亿美元的价格收购了 Oculus VR，同时，索尼也宣布推出其 VR 项目，Google 则近乎玩笑似地推出了用于手机上观看 VR 内容的 Cardboard。到了2015年，不断没落的手机厂商 HTC 推出了 HTC Vive。截至2016年，市面上共有超过230家公司投入到 VR 相关产品的研发中。

我们可以看到，从 VR 概念问世到大规模商业化过去了大约60年的时间，而从真正的产品问世算起的话，这套技术至今实际上只走过了不过30多年。在 VR 技术及产品的背后，包含着 VRML（virtual reality modelling language，虚拟现实建模语言）的基础、智能手机设备上的陀螺仪及动作传感器的不断优化、显示技术日新月异的进步及图形处理器的改良。正是这些既有技术和产品的革新，才真正推动了VR能在近20年时间取得突飞猛进的实质性发展。

技术的改革持续不断地推动商业、经济和社会的发展，同时还蕴含着更为重要的价值和结果。

1986年，日产汽车在英国的工厂落成于桑德兰。在1999年，这家工厂的4 594名员工共生产了271 157辆汽车。到2011年，工厂员工数量只增加到5 462人，而产量却提升到了48万辆以上。

事实证明，技术的改善极大地解放了劳动力，进而迫使产业结构优化升级，吸引更多的人才进入到新的技术研究领域，提高劳动力待遇（图2-1为20世纪到21世纪美国家庭收入变化趋势），大大降低了创新创业的门槛。

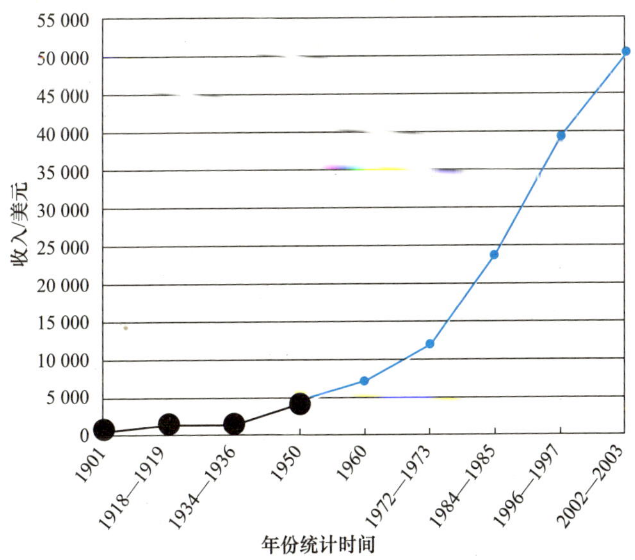

图2-1　20世纪到21世纪美国家庭收入变化趋势

来源：美国劳工部劳动统计局

美国劳工部的数据显示，在1949年，美国非农私营企业员工的平均周薪为50.24美元，1959年为70.78美元，1969年为114.61美元，1979年为219.91美元，1989年为334.24美元，到了2000年，平均周薪为528美元，到了2008年，则增长到了873美元。

从工资增长幅度来看，工人在1979年的平均周薪较之10年前的水平增加了91.9%，这恰恰是数字革命的各种应用开始大规模投入市场商业应用的时期，其后美国工人的周薪增幅逐渐下滑，但是随着第四次工业革命的兴起，2008年的平均周薪较2000年的周薪，增幅达到了65.3%。

从另一个角度可以观察技术对工人收入水平的影响。1950年，美国联邦最低时薪为0.75美元，到1960年时增加到了1美元，到1970年增长到1.6美元，至1980年快速增长到3.1美元，1990年达到3.8美元，2000年增加到5.15美元，到2010年时，联邦规定的最低时薪为7.25美元。同样看出，1980年的最低时薪较之10年前的增幅同样是历史最大的，而增幅在大幅回落后，到了2010年，其和10年前相比，增幅再度回升到40.8%。

也就是说，技术本身就是劳动力结构和产业升级的重要杠杆之一，同时也在无形之中发挥着分配社会财富的作用。

在过去30年里，技术一次又一次地冲击着人们对世界的既有认知，鞭策着人们朝着未知的方向探索。

1983年，科幻小说大师弗诺·文奇（Vernor Vinge）第一次在文章中从超越人类的智能这一角度提到了“奇点”（singularity）这一说法。10年后，弗诺·文奇发表了《即将到来的技术奇点》（*The Coming Technological Singularity*），进一步扩大了奇点理论的影响力，他在文章里预测，在30年内就会出现超越人类的智能，而在这之后，人类的时代就将灰飞烟灭。

而就在2018年，Google 研发的自动人工智能语音助手 Duplex 已经部分通过了图灵测试。

这是一个变化如此猛烈的世界，面对未知的未来，能给予我们些许宽慰和信心的唯有我们手中掌握的知识、技术和敬畏。

技术发展不断革新我们的生活边界，让我们看清世界，帮助我们改造世界，诸如云计算等新技术的产生势必会对世界产生新的影响，这表现在云计算不仅为创业者提供技术支撑，更是给创业者提供新的创新思维。

做数据生意的“爱智慧”：华尔街“叛徒”的中国门徒

“让华尔街人神公愤的‘叛徒’。”2014年，《福布斯》杂志给一家美国创业公司冠以了这样一个吸引人眼球的名号。当时，这家名为肯硕（Kensho）的公司成立尚不满一年。

肯硕位于马萨诸塞州剑桥市，由哈佛大学经济学博士纳德勒与程序员彼得·克鲁斯卡尔（Peter Kruskall）联合创立。它宣称将撼动金融分析行业，就像当初谷歌给搜索领域所带来的冲击一样。

比如，你可以像在谷歌进行搜索一样，询问肯硕的软件“沃伦”一些复杂的问题——当三级飓风袭击佛罗里达州时，哪只水泥股的涨幅会最大？当苹果公司发布新iPad时，哪家苹果公司供应商的股价上涨幅度会最大？……肯硕的软件都能在短时间给你一个明确的答复。

其背后的黑盒子其实是机器学习以及知识图谱。机器学习系统通过抓取数据和市场信息，搜寻并建立起国际事件与资产价格之间的相关性，而知识图谱则提供实时的国际事件的画像。肯硕为平台信息配备了直观的搜索工具和数据可视化功能。

2017年，来自福布斯最新报道显示，肯硕已在B轮拿到了5 000万美元的融资，由标普国际领投，华尔街最大的6家投行（高盛、摩根大通、美银美林、摩根士丹利、花旗集团和富国银行）都参与了肯硕的B轮融资。这家成立三年多的初创公司，总市值已经达到了5亿美元。

伴随着大数据、算法驱动的人工智能已经进入金融领域，肯硕这位华尔街“叛徒”的成功经历正在吸引中国门徒的加入，智能投研成为一条火热的创业赛道，爱智慧科技正是其中的竞逐者之一。

这家志在对标肯硕的创业公司由华为公司离职创业、百米生活前CEO梁新刚创办。团队包含了人工智能、数理统计和金融经济人才，以知识图谱和机器阅读为核心能力，帮助证券投资、医疗、物流行业企业做经营仿真、预测，利用人工智能（artificial intelliqence，AI）专家系统帮助企业提升运营效率，辅助决策。

“整个IT就是Excel”

作为一名围棋爱好者，梁新刚决定放弃上市公司CEO的身份的契机是2016年的那场AlphaGo与李世石的大战。在研究阐释AlphaGo算法的论文之后，梁新刚发现，人工智能确实已经达到了能与人类博弈的水平。人工智能对人的替代来势汹汹，锐不可当。

但为何选择以证券投资作为主赛道？原因在于梁新刚发现了二级市场投资机构的“落后”面貌。在他看来，二级市场投资虽然看似光鲜，但仍是一个“相当传统的作坊式的产业”，尤其是小型证券机构的IT基础设施非常薄弱。肯硕公司创始人纳德勒同样也有类似的经历，他当年在美联储工作期间惊奇地发现，这家全球最具权势的金融监管机构仍然依靠Excel来对经济进行分析。

众所周知的是，传统投资方式主要是投研人员根据自己去上市公司调研，了解财务数据、行业信息等来做投资决策。他们主要依靠的投研工具仍是万得等金融数据服务商，而目前的金融数据提供商只能提供数据资讯，其商业模式也是以卖终端或者卖数据库为主。

这正是智能投研的机会所在。

智能投研，指利用大数据和机器学习等技术，将数据、信息、决策进行智能整合，并实现数据之间的智能化关联，从而提高投资者工作效率和投资能力。简而言之，智能投研以AI辅助投资机构进行投资决策。

观察爱智慧旗下的金融投资分析问答系统“查尔德”的表现，或许可以一窥目前国内智能投研的产品现状。

在查尔德系统输入热门话题、重要事件，系统可自动联想历史相关新闻事件，以及相应时间段的股票走势，提示当下有哪些股票值得关注。

在该系统输入热门投资领域的关键词，如“化工”“能源”，还会显示该行业上下游产业链、行业动态、原材料价格走势以及投资建议。

梁新刚介绍，查尔德采用了事件驱动型投资策略，分析A股基本面资讯对上市公司股价的影响并加以量化，将数据信息转换为投资信号。所谓事件驱动型投资策略，就是通过分析重大事件发生前后对投资标的影响不同而进行的套利。

在梁新刚看来，与传统数据资讯提供商相比，智能投研的最大优势在于可以带着投资逻辑服务于专业客户群体。如果广泛加以使用，沃伦软件可以撼动长期以来被彭博社和汤姆森路透社（Thomson Reuters）所垄断的260亿美元的金融数据市场。短期颠覆传统金融数据提供商可能性不大，未来金融数据服务市场创新空间巨大。

梁新刚认为，通过海量数据、知识图谱和深度学习能力，机器可以发现事件与事件之间的关联关系，并通过知识图谱实现信息向决策的一步转化，并且这种转化过程是可以通过机器学习逐步自我优化的，甚至可以说会比人类做得更好。图2–2为爱智慧的客户价值体现。

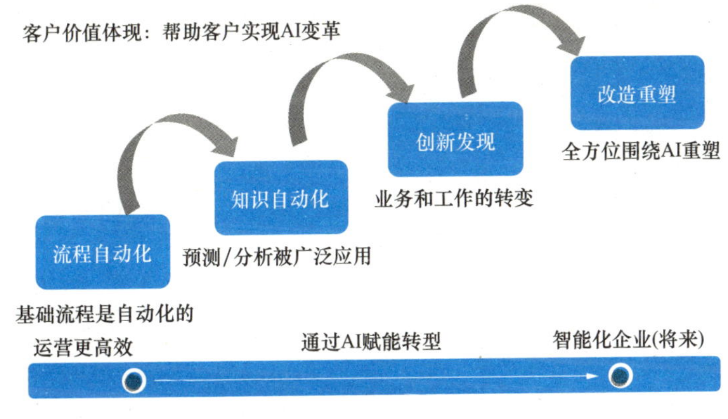

图2–2 爱智慧的客户价值体现

孵化试验田

虽然理论上前景光明，但在AI+投资的实际落地中梁新刚遇到了不少难题。

首先，如何实现行业壁垒的建立？

关于智能投研行业，梁新刚描绘了AI从底层向上侵袭的发展路径：机器学习、自然语言处理、知识图谱、增强学习等技术分别对应数据、信息、知识、决策等渐进的投资层次，层层推进，越往金字塔顶端，实现的难度越大。行业优势的建立只能通过一层一层的推进。

梁新刚对这一推进脉络进行了具体解读。

在数据层，数据源基本一致，行情数据皆来自交易所；而机器学习、深度学习技术的算法公开，技术本身的差异不大。

在信息层，通用型自然语言处理并不能适用证券行业的深入需求。要想实现对于海量财经新闻资讯的去重合一，只能依靠团队自身实现。2017年5月，爱智慧以中文自然语言处理为核心支撑的A股事件驱动正式上线，其团队负责人来自微软小娜团队。

在知识层，最关键的是知识图谱的构建。所谓知识图谱，即将人类的知识体系外在化，旨在描述客观世界的概念、实体、事件及其之间的关系——简而言之，就是谁是谁的“爸爸”、谁是谁的“儿子”这些概念之间的关系。运用在证券领域，即依靠知识图谱可以实现推测宏观环境和产业板块演进的能力。但知识图谱的构建无法通过自动化实现，耗时长且需要大量人工参与，因此谁先构建完成谁就具备先发优势。梁新刚称，爱智慧已优先构建了证券投资领域规模最大的知识图谱。

梁新刚面临的另一个问题是，对于一家证券行业面对B端的创业公司来说，如何自己蹚业务是一个难题。

一方面，AI系统对于基金业绩的影响很难得到如实的反馈。梁新刚称，基金经理倾向于将业绩的良好表现归因于自身决策，而表现不佳则归因于AI系统的“不靠谱”，很难真正界定AI的价值并且找出问题。

另一方面，证券行业很难贴近客户。“在华为工作期间，我甚至可以睡在客户的机房内，新系统出现bug（漏洞），可以连夜修改，但是证券投资机构不允许近距离观察。而直接问AI方面的需求，很难问出来。”梁新刚说道。

这让梁新刚意识到，不自己操盘一只基金是难以获知甲方的真正痛点所在的。因此，梁新刚决定发起一只规模为5 000万元的阳光私募基金，这只基金将应用查尔德系统，被梁新刚视为自己的“试验田”。目前，该基金已经在备案中。

梁新刚坦言，自2016年7月创业，公司前一年半的主要营收来自向医疗、物流行业企业销售软件授权，针对证券行业的查尔德系统仍处于免费试用的阶段，而最新的收费版本正在筹划上线。“毕竟，客户愿不愿意付费才是判断你的服务质量的最重要标准。”梁新刚说道。

在对梁新刚的采访中，我们感受到：创始人是技术出身，对于AI与行业结合的技术解读很详细和专业，对于创业过程中遇到的难题也比较坦诚。公司目前也已经有具体产品落地，但是未来在商业模式上能否成功，还有很长的路要走。

冰立方：让人人都能轻松生产 VR 内容

早些年，VR 行业受到资本热捧，许多初创公司进入这一行业都是从硬件开始。随着这一波热钱退去，行业回归理性，内容领域成为VR创业的新选择，尤其是全景视频方面。如何生产出优质全景视频？这不仅需要优秀的硬件采集设备，同时还需要专门的剪辑软件——不同于传统意义上的视频剪辑软件，全景视频往往需要对大量的 2D 全景视频/图像或者 3D 全景视频/图像进行剪辑与拼接。在阿里巴巴诸神之战全球创客大赛中，冰立方从众多创业项目中脱颖而出，成为全景视频剪辑/拼接这一细分领域里的佼佼者。

资本寒冬的行业里，冰立方如何脱颖而出

初创公司能从众多项目中脱颖而出，很大程度上取决于人才（团队）、技术以及资金这三方面。

冰立方的创始人兼 CEO 石瑞，从 Google VR 部门出来，回国加入了小米探索实验室，着手于 VR 项目的研发。“我在小米的使命已经完成了，想要做一些对行业更有影响力的事情。”2016 年 7 月，他和前百度自动驾驶部门的高级研发工程师谢国富一起创立北京冰立方科技。目前冰立方团队已经扩张到了 20 余人的规模，半数以上都是研发人员，其中不乏从 Google、DreamWorks Animation、微软亚洲研究院、百度、阿里巴巴、腾讯、网易等知名企业出来的工程师。

就是这样的一支团队，针对业内在全景视频拼接方面存在的需求，开发了冰立方 VR 工厂。对于内容制作团队而言，冰立方的这款工具能极大地节省他们的成本。石瑞举例说：“首先是时间成本，一个韩国影视特效团队花费 4 个月，耗资 10 万元级别的拼接工作，利用冰立方的软件大约2天的时间即可完成；其次是人力成本，业界很多拼接的外包团队其实是以人工或半人工的方式进行 VR 视频处理。而我们软件拼接出来的质量更高，定价只有几千元。”冰立方的VR工厂采用了专业的光流算法，不仅拼接效率高，同时其接缝细节处理效果也比手工缝合好很多。

目前各大VR内容平台上，其实有相当一部分内容是以360°全景偷换VR概念。VR较360°全景，最主要的差别就是除了360°的呈现，画面还需要是3D的。简化一点来类比，其实只需要双目摄像头进行360°拍摄，就有机会做出双眼的画面呈现。而这种方案与高质量的3D视频相比，效果大打折扣，因为不同视角带来的视差会加重体验者的眩晕不适感。想要解决视差问题，就需要对足够多的采样角度进行正视视角的画面采集，而这种方法就会带来巨大的运算量。冰立方VR工厂采用了视觉等效的近似算法，将运算量降低到原来的几千分之一，从而实现高质量的3D VR拼接效果。图2–3所示为冰立方的市场定位。

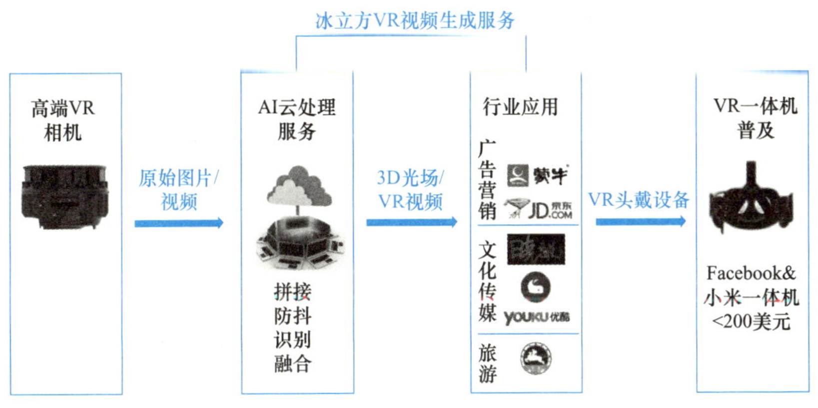

图2–3 冰立方的市场定位

凭借着 VR 工厂这个产品，冰立方拿到了瑞峰资本 500 万元的天使轮融资。

客观存在的需求

冰立方的产品满足了对视频质量有更高要求的内容生产者的需求，他们希望单纯作为软件服务商，发挥自身的优势，做出产品体验最好的视频处理软件，同时尽量多地兼容市面上的拍摄设备，以及视频文件格式。

石瑞介绍，他们接触到的大量 VR 视频工作室，高端一点的拍摄设备都会采用索尼 A7 或者 BMD 摄像机方案，其次也会采用 GoPro 相机方案，而这一类的工作室恰好就缺少拼接方面的软件服务。海外 VR 内容制作公司 Jaunt VR 也开发了自己的拍摄设备与处理软件，但其设备在量产方面有所欠缺，且出售软硬件也不是 Jaunt VR 的商业思路，它主要还是进行内容制作与发行。

以目前的情况来看，VR 工厂的主要用户大都是一些大公司，比如 Google、微软、京东甚至蒙牛和奥克斯这样的企业，这也是冰立方目前主要的盈利来源。石瑞坦言在公司创业之初，由于不熟悉国内市场，在拓展合作伙伴方面遇到了不少问题。另外，全景视频的拼接需要庞大的计算力作为支持，这也是冰立方在创立之初需要解决的问题。最后，全景视频的剪辑也意味着作品的二次创作，在解决技术问题的同时，还需要考虑到艺术创作上可能出现的需求。

将产品与艺术相结合需要一定时间的探索，而解决缝合所需要的庞大计算力，以及拓展国内客户却是迫在眉睫的事情。在这一方面，冰立方选择了与阿里云合作，这样既能满足缝合所需要的计算能力，又能在开展国内业务上获得一定的帮助。

“我们的团队中，大部分都是技术出身的人员，基于他们自己对技术的理解和判断，他们选择了阿里云作为支撑我们工具的计算平台。”冰立方联合创始人楚翘告诉笔者，“对于初创公司而言，购置昂贵的高性能计算机，成本上是不合算的。将计算单元放在云端，不仅能为创业节省成本，也符合当下云上创业的大趋势。”

硬件和内容是现阶段制约 VR 发展的两大因素。“硬件普及这部分，我觉得可以让大公司来做。内容上，目前 VR 视频整个生产流程都非常‘人工’和原始，而且速度很慢，导致优质内容的产出量很低，因此，作为创业团队，我们想要在这个领域做点有影响力的事情，提高整个行业 VR 视频的制作效率。我们希望通过技术为更多的VR视频制作团队和硬件厂商提供 VR 视频制作服务，自动化生成高质量的真 3D VR视频，让人人都能生产高质量的 VR 内容。”石瑞表示。

年逾半百也要创业：工业升级 4.0 里潜藏的机遇

从极清慧视的名字，或许你能理解它的定位——极清慧视只做一件事：极清图像获取、处理和应用，属于机器视觉。机器视觉，或称基于成像的自动检测和分析，当涉及准确和可靠的产品检测时，拥有超越人类视觉的全面优势，并且通常还结合了不同的技术。与计算机视觉不一样，机器视觉对于识别的精度比较高，并且需要快速反馈，相应地，其识别的场景比较固定。

基于以上特征，极清慧视的技术主要被应用在工业高精密制造视觉检测、高铁列车及轨道视觉检测等方面，这些行业对于图像的清晰度和拍摄的速度有很高的要求。

极清慧视创始人赵伟时解释道："极"代表道家文化——太极；"清"代表儒家文化——清心寡欲；"慧"代表佛家根本——慧根；"视"即看清楚。当一个人把道儒佛看清楚的时候，差不多就到"知天命"的阶段了。在选择这个名字的时候，他便清楚地知道"我是谁""我到哪里去""我可以做什么"。

与其他创业者不同，赵伟时已经年过半百，选择在这个年纪创业，一方面是看到了国内国际机器视觉技术的光明前途，另一方面是那个年代出生的人特有"责任感"。赵伟时表示："人生的最后一段，希望能把我们的经验化作国家的资源，为国家做点事。"

也许是赵伟时对于创业意义理解的不一样，这使得这家公司更加专注于产品的打磨，并在阿里巴巴诸神之战创业大赛中赢得了一个席位。那么，极清慧视的产品到底抓住了什么机遇呢？

行业痛点即机遇

眼下行业的痛点在于：国内机器视觉系统对于高端检测清晰度达不到要求，甚至找不出瑕疵，检测速度也跟不上生产线的速度。

“高像素、高速 CMOS 面阵工业相机大部分由国外厂商垄断，且国外机器视觉系统成本高。国内大多为二次开发商和系统集成商，自主研发能力弱。”赵伟时表示。

机器视觉的技术当前被美国、德国等国领先，全球市场也被美、德、日占据。根据 Automated Imaging Association（国际自动成像协会）发布的统计数据，2015 年全球机器视觉市场规模约 42 亿美元，增长 10.5%。美国约占 50%，日本紧随其后。

区别于国外机器视觉技术，极清慧视研发的核心算法——极清工业摄影机的核心算法，基于物理层面，使用硬件描述语言进行汇编。而国外的技术则从计算机图像处理出发，核心算法采用计算机语言，工程师习惯使用，但要达到工业机器适合运行的效率及精度还需要一个较长的过程。如此一来，极清慧视的产品拍摄的图像在清晰度和处理速度方面都比较高。

日前，极清慧视研发出了 UHDVISION 智能极清数字摄影机，能拍摄 4K分辨率、75 帧/秒的 24/36 位原始图像。同时满足保证视频高速远距离传输的需求，采用的是光纤直接传输。

这台摄影机采用硬件逻辑阵列构成，辅以并发功能的 ISP、VP 和无损图像传输算法，能取代传统工控机与图像采集卡构成的工业图像检测系统。同时这套系统还具有 4K 分辨率、高速、低功耗、实时在线处理等特点。图2-4所示为极清慧视市场分析及产品定位。

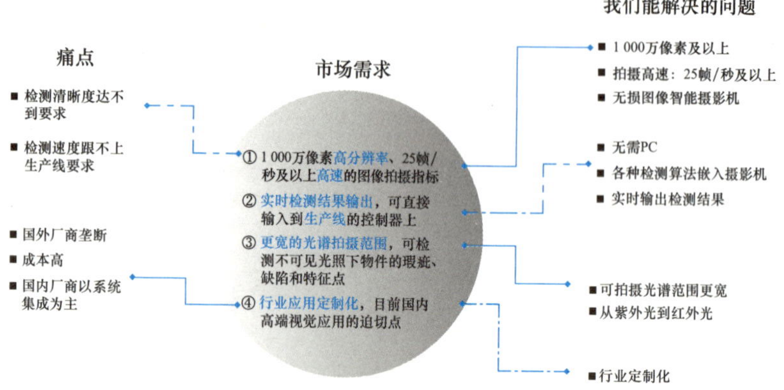

图2-4 极清慧视市场分析及产品定位

“我们都是20世纪五六十年代的人，学习的工业自动化测控，都是最底层工业机器语言，所以我们了解工业机器语言，在核心算法的研发视角上便朝着工业机器视觉出发，”赵伟时告诉记者，“这是我们能研发出核心算法的原因。”

应用前景广阔，仍在更新产品线

极清慧视的设备针对高精密制造中部件和产品的表面极微瑕疵、微结构缺陷、大范围一致性、高速高效等问题能够形成一整套有效的解决方案。极清慧视的核心技术还获得了国家发明专利授权，科技查新和水平检索报告结论表明产品达到国际先进水平。在医疗行业病理切片检测的目标应用上，极清 4K 显微系统的检测效果甚至优于日本的滨松扫描仪。

极清慧视现在的商业模式是采取定制化产品、渠道销售的策略。据悉，该公司与富士康的合作领域就包括手机表面瑕疵检测、高精密边缘工件检测等。

极清慧视所专注的视频处理领域是当下“云创业”的最佳落地行业。这一类行业往往涉及巨大的数据处理量，尤其是视频方面。大公司的云服务为初创公司提供了可观的存储空间和计算力，同时初创公司也无须保有服务器等重资产。

然而，赵伟时却认为“云”只是一项基本服务，现阶段大家对于云的作用有一些夸大，目前他们的主要精力还是放在硬件开发和算法研发上——从“看清楚”提升到“看精准”，极清慧视的发展规划十分透彻。现阶段极清慧视正在规划研发 5 000 万像素极清工业摄影机、高速 400帧/秒极清工业摄影机、多目阵列 3D 极清工业摄影机等系列产品。

与所有的初创公司面临的问题一样，极清慧视没有足够的名气吸引来足够的资金和人才。在这一方面，赵伟时表示，他们不盲目地求大，而是在大公司覆盖不到的领域谋求发展，并且力争在技术领域寻求突破。“在我们所在的领域里，获取极清视频的需求是客观存在的，”赵伟时回答道，“只不过很多客户都还没意识到现在的技术能更好地满足他们的需求。”

拓视觉是如何将现实世界“搬”上云的

拓视觉公司建立的初衷即为了实现机器对三维世界的智能感知、重建和理解。拓视觉公司产品可以将三维客观世界完整复制到虚拟空间中，从而建立起三维数据服务生态系统，为不同行业应用提供三维数据支持。

在虚拟现实领域，拓视觉产品解决了传统的全景照片只能观看不能测量的问题；在增强现实领域，拓视觉产品搭建了虚拟与现实之间的桥梁，为增强现实提供三维数据支撑。目前，其产品主要面向虚拟家装、地产测量、执法取证和智能机器人等行业的应用。

拓视觉的技术在同类创业公司中脱颖而出，拿到了阿里巴巴诸神之战创客大赛湖南区的亚军，这意味着其技术不仅有落地场景，还一定有已经成型、可以商业化的产品，那么拓视觉这家创业公司的特别之处到底在哪里呢？

用“立体”的眼光去看物体

现实物体三维化之后，最显而易见的好处就是直观，方便人机交互，更为重要的一点是数据化的模型给予了机器理解和分析现实世界的能力。比如，以深度学习算法为基础，可以实现家装的智能推荐，同时也能实现智能化人脸的分析，便于推荐护肤用品，甚至是展示整容手术后的模拟图像。

拓视觉的核心技术团队在这方面研究了10余年，在三维成像、点云全自动拼接、三维模型重建、点云识别与语义分析等方面有深厚的技术积累。视觉的研发团队中，有 10 名博士，其中不乏主持过国家“973”计划、国家“863”计划的成员，具有良好的系统开发和算法迭代能力。同时他们之中，也有在国际顶级期刊和会议上发表过系列论文的人，公司拥有发明专利 50 余项。公司目前的两款产品 tModel 三维相机和 tScan 三维人脸扫描仪，均是多年核心技术的高度集成。

tModel 三维建模精度为厘米级，主要应用方向为房地产与家装领域，解决实地量房难、时间成本高且现有虚拟现实家装产品效果真实性差的痛点。此外，tModel 还可用在反恐演练及犯罪现场重建等公共安全领域。

tScan 高精度三维物体扫描系统，成像精度优于0.1毫米，并可模块化定制。应用场景包括用于医疗美容的三维人脸扫描，用于工业装配的零部件建模以及用于服装鞋帽定制的三维人体扫描等。

三维建模技术落地形成了能够商业化的产品，这是拓视觉发展和拓展的基础，也是他们所设想的前期商业模式——通过售卖“产品和服务”获取利润。当业务达到了一定规模，拓视觉将成为一个平台。它既能生产三维数据，也能存储和交易，最后还能通过挖掘这些数据背后的价值，为企业提供智能分析等服务。

面对海量数据，他们选择了“上云”

对于 tModel 三维相机而言，它能不断地采集影像数据。在企业不断成长的过程中，这部分数据量会不断增大。这带来的不仅仅有存储的问题，还有如何对这些采集的影像资料进行拼接和处理的问题。

“主要的计算量来自海量点云数据的处理，”拓视觉 CEO 鲁敏告诉笔者，“因此，如何在后端快速、准确地将杂乱分布的几亿个采样点坐标进行拼接、重建和纹理映射，从而得到对用户来说赏心悦目的三维模型，是一个非常耗费计算量的工作。”

这也是拓视觉选择“上云”的主要原因：云上创业让拓视觉不必购入高成本的计算资源，即可完成数据的分析处理；客户端也相应地会变轻，所有的计算处理过程都不用在本地完成，客户端只是呈现结果的一种媒介。图2–5所示为“上云”的优势。

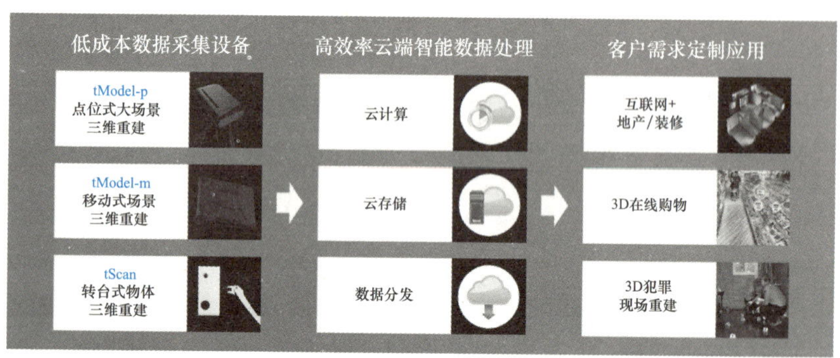

图2–5 “上云”的优势

“对于技术派创业者来说，其实很大程度上需要做出改变的是思维方式。在实验室中做科研，有天然的技术至上主义思维，认为技术是所有工作中核心的核心，”鲁敏表示，“但对于创业而言，其实技术只是构成产品的一小部分而已。因此，需要花更多的心思去考虑应用场景、客户需求以及产品形态等。在这个过程中，做技术的和做产品的都需要相互妥协，而其最根本的出发点是如何能更好地满足客户需求。”

三维视觉是一个新兴的行业，相关成熟的产品并不多。拓视觉作为初创型企业，也曾面临着这方面的困扰。不过，目前他们决定将整个公司的发展中心放在“三维室内建模服务”上面。

拓视觉的典型竞品是美国的 Matterport 。Matterport 公司成立于2011年，目前已完成 D 轮融资，总融资额达 6 600 万美元。产品主要包括 Matterport 三维相机，种类相对单一。在拓视觉成立之初，就拿到了千万级的融资，目前这家公司也在积极寻求 Pre-A 轮的融资。

第3章

新世界里的创新

“在资本主义现实里，价格竞争无济于事，真正会产生影响的是新商品、新技术、新的供应源、新的组织类型。”

伟大的经济学家约瑟夫·熊彼特（Joseph Schumpeter）在《资本主义、社会主义与民主》（*Capitalism, Socialism, and Democracy*）中做出上述论断。

熊彼特对创新过程的认知和他对资本主义的认知几乎如出一辙。在理论模型条件下，两者在他看来都是平稳运作的，但是熊彼特引入了失衡的概念理论作为关键的影响因素，随后这套理论被逐渐扩展到间断平衡的连续统概念之中，而这又将S曲线的概念和不连续或破坏式创新联系在了一起。

对“创新”的研究

早自19世纪80年代起，“创新”一词就被用来表示非同寻常的意思，熊彼特正是最早、最有影响力的研究和鼓吹创新的人之一。他认为消费者偏好是既定的，因此并不足以成为经济变化的原因，甚至在经济发展过程中还扮演着一个消极的角色。

熊彼特将“发展”视作受创新持续推动的结构性变化的历史进程，他将创新划分为五种类型：新产品的面世或既有产品的新品种；新生产理论的应用或还没有在行业内证明的产品的销售；还没有被某产业占据的新市场的开拓；获取原材料或半成品的新供应源；获取或破坏垄断的新产业结构。

熊彼特把整个创新进程分成了四个维度：发明、创新、扩散和模仿。前两个阶段对经济形态的影响效应在他看来不及后两者，基础创新的宏观经济效应在最初的短期内是很难被注意到的，但是一旦模仿者们意识到创新背后的效益潜力并开始大力投入，也就是到了扩散阶段，创新才会促进经济增长、推动投资、拉升就业。

借用维尔纳·桑巴特（Werner Sombart）的表述，熊彼特把创新比作推动资本主义经济发展的“创造性破坏的暴风”，他把创新当作“产业突变”，认为它“不断从内部革新经济结构，不断破坏旧的，不断创造新的”，创新式破坏的过程在熊彼特看来就是“资本主义的基本事实”。

威廉·阿伯纳西（William J. Abernathy）和金·克拉克（Kim B. Clark）研究了不连续条件下的创新进程，并将其分成了三个阶段。

首先是流态阶段（fluid phase），这时候，创新事业面临着最主要的两个问题：第一，目标，即新的技术标准是什么，又是怎样的用户需要它；第二，技术，即如何利用新技术知识来制造和传播。正因为存在着这些疑惑，这一阶段的创新往往会经历大量的失败，同时又伴随着包括初创企业在内的所有市场参与者的快速学习过程。

其次，到了过渡阶段（transitional phase），主导设计（dominant design）逐渐浮出水面，最终大家找到一个最流行的方案，产品产出产能扩大。

最后，到了尘埃落定阶段（specific phase），新的潮流开始显现，而创新渐渐不再成为最迫切的选项，企业的兴趣和资源都逐渐倾斜给了主导设计，产品及进程开始变得越来越稳定，降低成本成了这一阶段最重要的任务。

《创新者的窘境》的作者克莱顿·克里斯坦森（Clayton M. Christensen）研究后指出，市场也可能充当引发破坏式创新的角色。

他观察到，每一代都有之前优秀的企业在新市场转型失败最终陷入衰退甚至破产结局的故事，而且这些企业并非惰于创新，它们不约而同地都投入大量的研发开支、倾听用户需求、持续输出产品等来不断寻求创新。克里斯坦森认为，问题的根源实际上在于这些企业面临的是一个有着截然不同需求和期望的新兴市场。它们在主流市场做得太成功了，于是忽视了新兴市场的长期潜力，而市场破坏在这个时候出现了，从边缘业务变成主流，并彻底改变了这些企业习以为常并顺风顺水的游戏规则。后来，这些后起的创新者也成了被颠覆者，陷入沦为输家的循环。

在历史上，这种“后之视今亦尤今之视昔”的故事屡见不鲜。

克里斯坦森和迈克·雷纳（Michael E. Raynor）的合作研究从市场角度出发，提出了解决不连续性的方案。他们认为，不连续性主要在两方面，一是同现有市场竞争的绩效指标的出现，二是完全没有消费者的新兴市场。破坏式产品和服务如何开辟新市场呢？可以从应用新锐创新的小众市场开始，或者也可以在以新标准或现有技术的低技术市场作为开端。

一家公司并不是有了创新或技术就能将其转化为商业回报的，决定其收益能力的因素有九个。

保密性。尽管采取保密措施可以有效保护一家公司的技术和创新，但是，知识和信息依然会遭到泄露和破解，而越来越多的事实证明，那些愿意分享知识的公司较之同行更加出色，而一些常常允许竞争者应用自己研究成果的公司往往比其他公司更能创新，有时候，正是因为分享可能影响到产业的标准和主导设计，并有助于吸引人才。

积累的技术知识。长期积累下来的技术知识往往是一家公司最宝贵的财产之一，尤其是对某些特定地区和行业的公司而言。

供货周期前置时间和售后服务。供应链和售后方面建立起来的优势能够帮助一家企业获得良好的用户忠诚度和信用度，而这将极大地提高竞争门槛。

学习曲线。企业由此可以拥有低成本和丰厚技术知识的优势，而这同时也需要企业长期持之以恒地投入到员工的培训和学习之中。

互补性资产。如前所述，创新的变现往往取决于生产、销售、售后服务等多个环节的配合协调。

产品复杂度。随着20世纪80年代微处理器和标准软件的出现，IBM 曾经引以为豪的主框架电脑的复杂度优势渐渐消失殆尽，模仿者可以轻松越过成本和前置时间的竞争壁垒。

标准。如果大家广泛接受并认可一家公司的产品标准，那么这将极大地拓展它的市场并建立起极大的竞争优势。

在行业内极具领先优势的新产品。一个新消费产品中对用户来说有价值的特色会轻而易举地被竞争者模仿并应用在之后的产品里，只有那些拥有长远规划、耐心和适应力去开创大规模消费市场的早期入局者才会获得成功。

专利保护的强度。比起程序创新，专利保护更能有效保护一家公司的生产创新。

自20世纪60年代起，关于创新的研究以空前姿态涌现出来，越

可和研究，但是，经济科学（Economics of Science）、研究发展与创新在其中发挥的作用却始终没有得到充分认识。

1957年，美国经济学家罗伯特·默顿·索洛（Robert Merton Solow）通过分析生产因素的影响来研究美国经济发展演进情况，结果发现无法用资本和劳动力变化解释的经济增长都源自科技进步，1909—1949年，90%的产出要归功于科技变化，由此证明了研发部门投资的巨大效应。

尽管经济学家们已经注意到了技术创新的价值，但是对整个创新过程本身的关注却不重视，他们只重视能够用数据反映的投入产出。经济学家将创新和公司联系在了一起，达成了共识，只要在研究开发上投入增多，则公司管理也会得到提升优化。借用模控学里的说法，这一时期的创新被形象地称为“黑盒子”（black box）模式。

第二世代：线性模式

到了20世纪六七十年代，研究者开始意识到，对创新认识越多，越能更好地制定政策，以此刺激研究开发并推动新产品的开发，他们开始越来越多地关注创新过程本身，创新被当作一个循序渐进的过程，最终促使市场采用技术。

在20世纪40年代，工程师万尼瓦尔·布什（Vannevar Bush）在影响深远的《科学，无尽的边疆》（*Science, the Endless Frontier*）中指出，“基础科学的发现最终会推动技术进步，而这又会产出大量新产品进而占领市场”，万尼瓦尔·布什大力倡导的科学政策最终演化为“科学推动”模式，而这又影响了对创新的研究，“技术推动”（technology push）成为最初对线性创新的阐述，这一模式的过程为：基础科学→应用科学及机械→制造→市场推广→销售。

与此同时，随着人们渐渐认识到市场和技术的潜在消费者需求的重要性，对线性模式的另一种阐述产生了，即“需求拉动”（need pull）模式，这种模式认为创新的动力在于已经存在的需求之中，它对创新过程的步骤有了新的排序：市场→技术发展→制造→销售。

整个20世纪六七十年代，人们对创新成功因素进行了深入而有成效的研究，技术推动和需求拉动两种模型不仅解释了大量新技术的成功推介，同时也为大量失败案例提供了有效的答案。在全世界范围内，越来越多的政策制定者因为理解简单及经济上的合理性而接受、承认了技术推动模型在创新中的重要作用。但是，仅仅在研究开发方面投入资金却罔顾创新其他相关领域往往会导致恶果，结果，不仅研究走了很多弯路，出现了很多失败，对研究者低于预期的产出的批评也屡见不鲜。

第三世代：互动模式

随着对创新的研究和应用的进一步深化，人们开始意识到，线性模型并不足以厘清技术、科学和市场在创新过程中的复杂关系。线性模式中对创新过程按部就班的解释遭到越来越多的怀疑，人们迫切地需要新的模型来解释各个因素发挥的作用，于是，创新被解析为不同的阶段相互之间发生作用的过程。

罗斯威尔和沃特·泽格维尔德（Walter Zegveld）的研究指出，“创新过程的全部模式都可以归结为一个复杂网络，其中包括沟通路径、内部与外部的组织化、连接企业内部架构以及将企业与更广阔的科研社区和市场连接起来”。各个阶段在创新过程中发生着如图3-1所示的作用。

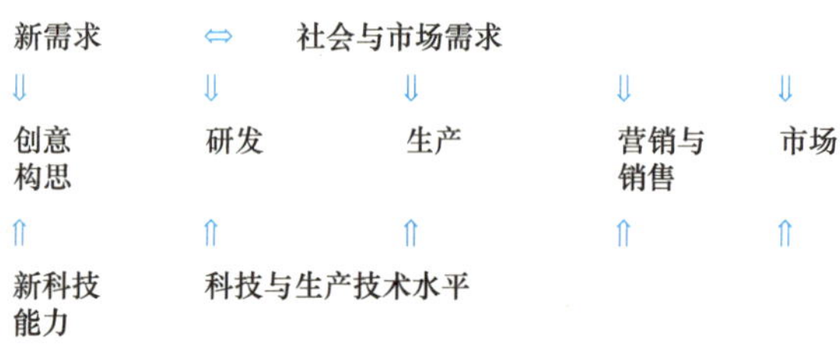

图3-1　互动模式下的创新过程

来源：*The International Handbook on Innovation*

互动模式不再将创新当作一系列活动最终阶段的终端产品，它可以发生在整个创新过程中的任何环节。

在线性模式中，创新按照一定的顺序发生，而互动模式认为创新在整个过程中是循环着的。斯蒂文·克莱因（Stephen J. Kline）和内森·罗森伯格（Nathan Rosenberg）提出的“链环模型”（chain-linked model）指出，通过创新过程中的反馈和循环，潜在的创新者能够寻求企业内外的既有知识，以此来解决在市场—设计—制造—分发过程中遇到的问题。

互动模式的提出和深入讨论使得研究者们注意到了新的技术构想和经济产出之间的时间差，它试图将技术推动和市场推动融合在一个综合性的创新模型中，为创新过程中各个因素和角色的作用提供全面而细致的描述。但是，它还是没能解释这样的困惑：什么驱动了创新引擎？为什么在创新方面有些公司比其他公司做得更好？一个公司组织如何去创新？它在创新中发挥怎样的作用？互动模式还是无法提供答案。

第四世代：系统模式

创新是一个异常复杂的过程，因此，它不仅要求企业内部各个部门的互动，同时还需要各个公司之间的合作。于是，传承已久的等级制渐渐分崩离析，被越来越多打破了组织间区隔的新实体取而代之，创新开始被视作一个强调互动、互相连通（interconnectedness）和协同的“系统”。

系统模式认为，一个内部没有足够量级资源去推动创新的公司，也能够通过和一个涵盖其他公司、组织的网络建立关系来实现创新。迈克·霍布德（Mike Hobday）指出了该网络的几个优势：

（1）利用网络里其他组织的支持，小公司能够保持尖端技术上的领先优势；

（2）网络里的参与者都能积累技能并互相学习，而所有人都能从中受益；

（3）该网络能够促使关键人物在企业间的流动；

（4）通过技能的结合与再结合，能够打破技术上的瓶颈；

（5）创新的时间和成本都能减少；

（6）该网络为小的创新公司提供了行业入口；

（7）网络里的私人公司能够以较低的成本获得更高的适应性。

最著名的系统模式莫过于所谓的国家创新系统，这本来是为了解决全球各个具体情况不同的国家在某个具体政策问题上的差异性而提出来的。在国家创新系统里，若干机构共同或分别推动了技术的开发和扩散，并为作用于创新过程的政府政策提供一个实行框架。这套系统模式中最重要的因素是互相连通，即各个部分在系统中是如何互动的。

协同效应对创新网络中的每个参与者都产生了正和效应，面对市场和客户变化着的需求，创新网络拥有更高的灵活性，并能够更好地抵御技术风险和不确定性，此外，创新网络还为信息流、隐性知识和显性知识的转换创造了极大的便利条件。

查尔斯·爱德奎斯特（Charles Edquist）列出了这套模式的九个特征：

（1）创新和学习是模型的核心；

（2）这套模式提供了一个全局和跨学科的方法；

（3）从历史的角度看问题是自然而然的；

（4）系统之间存在着差异，没有最优解；

（5）这套模式强调互相扶助和非线性思维；

（6）这套模型还包括了产品技术和组织上的创新；

（7）这套模式指明了机构的核心角色地位；

（8）这套模式允许各种概念的多重解释和扩散；

（9）相比正统理论，这套模式提供了一个宽泛的概念框架。

这套模式强有力地回答了这样的问题：小公司在创新过程中究竟处于怎样的位置？它们如何在与大公司的竞争中存活下来？

但是，和大公司相比，创新网络在促进创新的潜力上的效果却并不明朗。它的运作通常是动态的，没有足够的证据来证明这套网络究竟能持续多久，因此，一旦其中的某些公司规模扩大或退出的话，那该创新网络模式的竞争优势就可能很轻易地丧失。

建立信任对该模式中的所有参与者来说都是至关重要的，但是如何来建立并持续下去却又恰恰是一个悬而未决的难题。此外，该网络里的参与者之间常常同时存在着竞争和合作关系，如何协调其中的矛盾始终缺乏一个有效的方案。

第五世代：演化模式

杰弗里·霍森（Geoffrey Hodgson）指出，在大家习以为常的经济思维中存在着机械式比喻，但它们的解释力并不强，因为经济学和创新是人类的产物，所以生物学式的比喻更有用，且能与达尔文的物种演化联系在一起。皮埃尔·宝拉·萨维奥蒂（Pier Paolo Saviotti）则强调，由于新古典主义经济学派无力解决动态质变，故而需要一种经济上的演化方法，而动态质变恰恰是技术创新的内在特性。

萨维奥蒂解释了演化模式中的几个关键概念。

多样性产生（generation of variety）。创新被当作“突变”来看，持续产出新的产品、过程、形式，进而促进多样性。并非所有的突变都会成功，只有那些能够取代旧产品和过程的创新才会胜利。

选择（selection）。选择过程通常和多样性产生机制共同发生作用，结果就是那些产品、技术和公司里的幸存者活下来，成为环境中的适应者，而其余对手则慢慢消亡。

繁殖与遗传（reproduction and inheritance）。公司就如同一个生产组织，而“遗传”则意味着组织的决策、开发产品和经营的持续性。公司尽管是一个不断学习的实体，但是任何成熟的知识都很难遗传或转让给其他公司。

适合与适应（fitness and adaptation）。就如同达尔文的“适者生存”一样，任何给定环境中的经济单位的天性就是成功。

种群角度（population perspective）。多样性在整个演化过程中发挥着至关重要的作用，除了平均值，还要分析公司和产品的种群里的差异化。

初级互动（elementary interactions）。产品和公司之间的竞争合作关系。

外部环境（external environment）。这是演化方法中的核心要素。一般是指技术开发所处的社会经济环境，主要由专利权、市场结构、标准和法规等决定。

理查德·尼尔森（Richard Nelson）和西德尼·温特（Sidney Winter）最早将这套概念化的演化模式翻译成了计算机程序模拟模式，基于公司的常规和可预测行为模式来描述商业活动。他们成功地证明了真实的公司活动可以用来解释说明宏观经济产出，随着20世纪八九十年代计算机应用的繁荣，人们对演化模式的兴趣越来越大。

过去的经济理论主要关注的是市场均衡和完全信息，演化模式的提出和研究极大地挑战了这些理论的核心概念。

它认为创新总是变化着的，而决策并不只由价格决定，还要受到历史环境、社会习俗及人与组织之间的关系的影响。梅特卡夫（J. S. Metcalfe）总结道，“创新和信息不对称就是一回事”，信息的不确定性和不完全性贯穿于整个创新过程，这无疑和新古典主义经济的“理性人”观念相悖，也就是说，对市场经济中的技术变化而言，信息不完全恰恰是必要条件。

演化模式揭示了这样的图景，在技术机遇和完善的决策规则约束下，一家公司是如何成为一个有活力的自组织系统的。有些合适的技术最后依然失败，而那些被认为很低端的技术最后却取得了成功，演化模式强调的选择过程和环境的重要性说明了上述现象发生的整个过程。相比研究开发的结果，进化模式格外强调了创新过程的重要性，它还认为产出在很大程度上取决于一个公司或国家的演化过程，因此，政府应该通过形塑关系、鼓励学习并平衡竞争与合作等方式来为创新过程创造更好的条件。

一个模式的解释力强弱在很大程度上取决于它的预见性准确与否。如果它能相对准确地展现现实，那么既有的科学方法就会期望它能给出未来参数值的预测。而这恰恰是演化模式的短板，它描述的往往是持续的变化状况，它的参数总是不停变化着的。

第六世代：创新社会模式

自20世纪70年代以来，针对区域集群里的创新和高端技术的发展因素就有了大量的关注和成果。昔日常常由经济学家和社会学家发挥本领的领域却被地理学家、地区经济学家及城市规划者占领，对地理位置重要性的研究最终产生了创新的社会环境模式。

克里斯汀娜·朗奇（Christian Longhi）和大卫·基博（David Keeble）的研究指出，“创新过程并非是不需要空间的，恰恰相反，创新天然就是区域性的本地化的事物，它高度依赖于具体位置的资源，和特定地方相关联，在别的任何地方都不可能再生”。

罗伯塔·卡马格尼（Roberto Camagni）认为该模式包括以下要素：

（1）一个生产力系统，比如一家创新公司；

（2）活跃的区域关系，比如促进创新的公司和组织间的互动；

（3）不同的区域性社会经济角色，比如当地自主创新的私人或公共机构；

（4）特定的文化和展示过程；

（5）活跃的当地集体学习过程。

他和罗伯塔·卡佩罗（Roberta Capello）的研究强调，创造创新社会环境的互动并不必须基于市场机制而发生，虽然并不总是签订正式的合作合同，但它涵盖了货物、服务、信息、人和创意彼此之间的活动交换。该环境最主要的特色是，合作伙伴之间合同及信任带来的安全感，而这将极大地降低开发新技术的不确定性，最终成为交换隐性知识的来源。社交因素、文化环境，包括气候、空气质量等在内的自然条件越来越多地成为影响一个地区是否能够产生创新公司的重要条件。

这套模式解释了为什么一些特定的地方能诞生大量的创新企业，它还揭示出不同的地区有不同的知识开发模式路径和高端技术转让形式。

创新社会环境概念能够帮助我们解释那些缺乏资源保证庞大研发支出和应用尖端技术的中小公司之所以成功的原因，卡马格尼和卡佩罗指出，“创新社会环境就如同一个缩影，传统经济学认为里面的所有这些因素是经济发展和企业内部运作变化的源头，但是，这些只存在于完全理想的条件（in vitro）里”。

创新是一个关乎研发、市场、企业及大环境等诸多因素在内的复杂过程，任何对创新模式的片面和僵化理解都可能会带来扭曲、失败的风险。

如果仅仅是把创新理解成强大的研发能力的话，那么用户需求就可能被忽视，最终使得技术和市场脱节，但如果片面追求满足用户需求的话，又可能会导致丧失技术上的竞争优势。如果只把创新看成是部分关键人物的责任的话，那么往往会导致偏听则暗的问题而无法吸取更多更有用的意见。

如果创新只是特指突破式创新的话，那么我们就很可能会忽视甚至放弃那些渐进式的改进，而这样的工作最后实际上是有可能积累成为新的创新的。从1880年到1896年，爱迪生的灯泡设计概念并没有改变，但期间持续的改良使得产品价格累计下降了大约80%，最终成功。

第4章

新技术的“仁心”

我的病人的健康应是我最先考虑的。

——《日内瓦宣言》

在2000年联合国制定的千禧年发展目标（Millennium Development Goals）中，1990—2015年将5岁以下儿童死亡率降低2/3是其重要任务之一。然而，到了2015年，全球仅仅只有欧洲实现了这一既定目标。

联合国的数据指出，在2015年，全球范围内的死亡人口超过5 665万人，其中发达地区死亡人口接近1 260万人，欠发达地区死亡人口则超过4 400万人，高收入国家的死亡人口超过1 016万人，而中等收入国家死亡人口则超过4 095万人。

在美国，2015年共有超过271万人死亡，排名前3的死因分别为心脏疾病、恶性肿瘤及呼吸系统疾病，这3种疾病共造成了超过140万人死亡。

从美国1958—2015年的死因数据来看，包括心脏疾病、恶性肿瘤及脑血管疾病等在内，造成死亡最主要的几大疾病都出现了较为明显的下滑，然而，帕金森病及阿尔茨海默病等疾病却自20世纪80年代起出现了显著的增长。相比2014年，2015年的帕金森及阿尔茨海默病的年龄调整死亡率是增长最多的两项疾病，后者更是达到了15.7%的增长。而1999—2014年，每10万人中死于阿尔茨海默病的比重从16.5%增加到了25.4%，其增幅接近55%。图4–1所示为美国人口死因变化趋势。

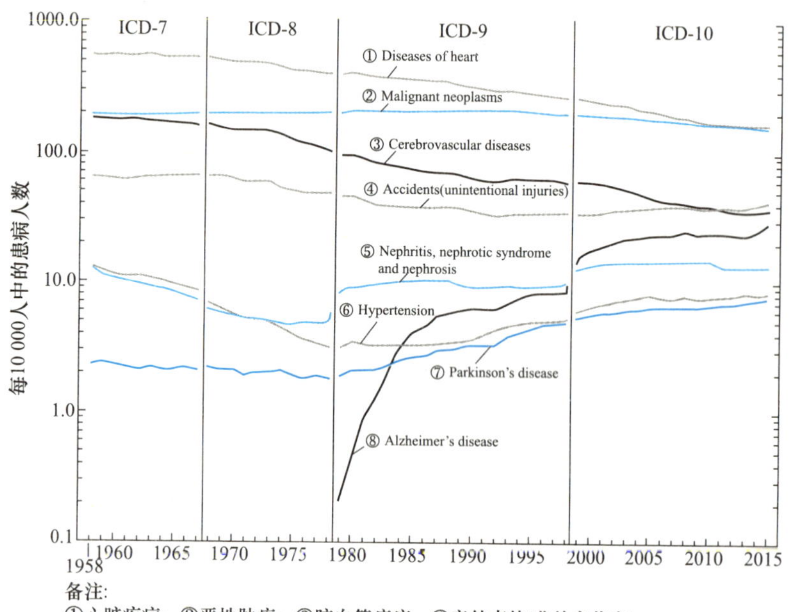

备注：
①心脏疾病；②恶性肿瘤；③脑血管疾病；④意外事故(非故意伤害)；
⑤肾炎，肾病综合症和肾病；⑥高血压；⑦帕金森病；⑧阿尔茨海默病。

图4–1　美国人口死因变化趋势

来源：美国疾病管控中心

事实上，阿尔茨海默病是美国前十大死因疾病中唯一没有被研究清楚原理也无法被治愈的病症。它是一种神经退行性疾病，是导致老年人痴呆的主要原因，最终会引发记忆损失和认知障碍。

据估计，现在全美的阿尔茨海默病患者超过550万人，预计到

2050年，这一数字将超过1 380万人。仅仅在2017年，花费在患阿尔茨海默病患者身上的治疗康复费用就超过了2 590亿美元，而用来照顾这些病人的时间则达到了182亿小时。到2050年，阿尔茨海默病病患支出将可能达到1.1万亿美元。

根据美国阿尔茨海默病协会的估算，如果能在轻度认知障碍阶段就能确诊预防的话，那么将会节省7万亿～7.9万亿美元的治疗康复花费。美国疾病管控中心指出，不管对病人及家属，还是管理运行公开募资和长期护理设施的各级政府而言，阿尔茨海默病都是一项沉重的财政和社会负担。

在相当长的一段时间里，发现阿尔茨海默病的原理甚至都是广大研究者无法逾越的难关，大家唯一的选择便只剩下尽早确诊出阿尔茨海默病，尽管这并无助于病症的治疗，却能在一定程度上帮助患者更好地适应这一病魔。然而，这又谈何容易，医生及科学家一度只能在患者去世后通过解剖来一窥这一病症的真面目。

2002—2012年，99.6%的阿尔茨海默病临床诊断治疗都以失败告终。但是，人工智能和大数据的逐渐发展却为改变这一痛苦和煎熬的局面打开了一扇新的大门。

通常而言，丧失记忆力是阿尔茨海默病患者早期的症状之一。加拿大的研究团队开发出的 AI 算法在扫描患者脑部图片后，通过观察其中的淀粉蛋白分布情况辨识其是否患上了阿尔茨海默病。然而，淀粉蛋白遍布人的大脑，仅仅通过人眼显然无法辨识分明。但是，这套名为 AIDDementia 的算法却能轻而易举地完成这一任务。分析82套脑部图片后，它诊断两年内患上阿尔茨海默病的准确率达到了84%。

意大利的研究团队通过67张 MRI（Magnetic Resonance Imaging，磁共振成像）图像来训练他们的人工智能，38张来自阿尔茨海默病患者，剩下的来自健康的控制组。研究者把这些图像分割成小块，让人工智能分析其中的神经联系。他们发现，在把脑部区域分割成2 250～3 200块时，这套算法的准确率是最高的，而这恰好和与阿尔茨海默病相关的海马体及杏仁体解剖结构近似。

这个训练过程结束后，研究者利用这套算法来分析148位对象的脑部图像，其中48位是阿尔茨海默病患者，还有48位患有轻度认知障碍，其余控制组都是健康人。尽管这些 MRI 图像全都来自 USCLA（美国加州州立大学）的阿尔茨海默病神经成像中心，因此存在着不小局限性，但这套算法对阿尔茨海默病确诊的准确率达到了86%，与此同时，它对轻度认知障碍的判断准确率也达到了84%，如图4–2所示。

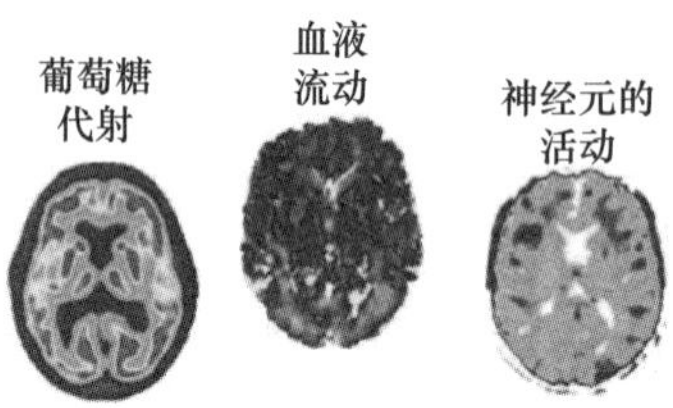

图4–2　通过新的方法可以及早发现晚发阿尔茨海默病

来源：蒙特利尔神经病学研究所（Montreal Neurological Institute）

在利用 MRI、PET（Positron Emission Computed Tomography，正电子发射型计算机断层显像，简称PET）等技术分析了1 171位不同阶段的阿尔茨海默病病人的7 700余张脑部图像、血液及脑髓液还有认知程度之后，蒙特利尔神经病学研究所的研究团队最终发现，和以往的认知相异，阿尔茨海默病最早的生理特征是脑部血液流动的减缓，而在过去，人们普遍认为，淀粉蛋白的增加是这一病症最早的症候。这个团队还发现，认知在阿尔茨海默病病变过程中的变化远比人们以前以为的更早开始发生。

晚发阿尔茨海默病并非由一个神经机制引发，而是脑中一系列机制共同发生作用的结果。它是痴呆最常见的病源，对其中各种机制之间的互动了解越多，对治疗阿尔茨海默病帮助就越大。蒙特利尔神经学研究所的研究团队对晚发阿尔茨海默病的研究涵盖了大脑中含有灰质的78块区域中的蛋白质聚集模式、葡萄糖代谢作用和脑部血液流通等方面。每个方面的研究都取自一名病人30年以上的记录数据，再重复计算500遍来提高可靠性，庞大的数据处理和分析工作要耗费数千小时。

到2050年，美国65岁以上人口将超过8 010万人，届时，全美工作者和退休者的比例将达到2∶1，照料阿尔茨海默病患者将成为一个迫切的现实问题。于是，在诊断治疗外，照顾阿尔茨海默病患者也成为人工智能能够发挥优势的新领域。

华盛顿大学的团队推出了辅助认知计划（Assisted Cognition Project），他们设计出了一个无线手持设备“行动罗盘”（activity compass），用来记录阿尔茨海默病患者每天的路径轨迹，从而在其迷路时提供向导功能。而他们计划中的“适应性提醒”（adaptive prompter）系统则可以通过复杂的动作监测系统来提醒患者吃药或完成其他事情。他们认为距离人工智能取代人类做康复还有二三十年的时间。

麻省理工学院（Massachu-setts Institute of Technology，MIT）的计算机科学和人工智能实验室计划研发一款不需要患者把追踪器佩戴在身上就能监测他们行动的设备，每当患者活动，都会导致反射信号发生变化并被记录下来，而设备内的机器学习算法则可以自主分析这些信号。除了基本的动作之外，算法的自我学习还可以帮助设备识别患者焦虑、抑郁及睡眠中断，同时，它还会辨别出患者一天之内是否重复某些特定动作——而这些恰恰就是阿尔茨海默病患者的典型症状。

实际上，人工智能不仅用于研究诊治阿尔茨海默病，它同样得到了制药公司的青睐。在过去，制药公司仅仅是用人工智能来进行实验验证一款药究竟是否和某个蛋白质有关，但现在，越来越多的制药公司开始利用人工智能来研究生物系统，以探明药物究竟是如何作用并影响病人的细胞或组织的。

德勤的报告指出，12家最大的制药公司在药物研发方面的投入回报只有区区3.2%，而在2010年，这一数字则高达10.1%。全球第四大制药企业赛诺菲同创业公司 Exscientia 签订了3亿美元的合作合同，葛兰素史克也同后者达成了4 200万美元的合作协议，阿斯利康公司则和初创企业BERG达成合作，这些大公司无一例外地看中了创业公司手中的人工智能技术。

事实上，经历临床试验的药物中仅仅只有12%能真正进入市场投入应用，而从发现药物到获得美国食品及药物管理局（Food and Drug Administration，FDA）批准，在美国开发一种新药平均需要至少10年以上的时间及26亿美元的投入。

开发新药已经成为一种投入极高、风险极大的支出，于是，这些大公司纷纷借助初创公司在人工智能技术上的优势来降低成本和风险。在2018年5月，Atomwise 获得了4 500万美元的 A 轮融资，这家公司声称每天能筛检1 000万种化合物，其 AtomNet 算法利用深度学习来分析分子并预估它在人体里的活动。

人工智能正成为制药公司越来越倚重的技术，在药靶的确认和认证，靶向和表型药物的发现，生物医学、临床及患者数据研究、多标靶药物及重定位药物研发方面，人工智能都发挥着越来越突出的作用。据估计，AI 方案驱动的制药市场规模在2024年将会达到100亿美元。

比尔·盖茨在2017年指出，大数据的应用将极大地帮助研究者解决阿尔茨海默病的难题。他乐观地表示，在未来10～15年里，人们终将找到治愈阿尔茨海默病的方法。

人工智能进医院困难重重，帝维达却要借它弯道超车

距离2018年农历新年还有4天，闫维新和三位同事一起，窝在上海仁济医院放射科的一间小屋内忙活项目。这位上海交大机械与动

力工程学院博士生导师的另一个身份是帝维达创始人，他每个月近一半时间都会待在医院里。

帝维达成立于2015年，专注于液体活检的检测仪器和试剂。“我们的产品主要应用于心脑血管疾病和肿瘤，这两类疾病都离不开两样：影像和多组学例判断。”看似和人工智能关联不大，但闫维新将自己做的事情比作中国版人工智能医生，在帝维达的商业链条里，人工智能扮演着举足轻重的角色。

“好用早用了。”

2013年，闫维新认识了原腾讯数据平台部技术总监廖焕华和浙江大学医学研究院牛田野教授，三人一拍即合，便带领着研究团队一起研发医学影像AI系统“阿尔法医生”。

“虽然现在病理是判断的金标准，但我觉得未来病理的趋势会越来越弱，医学影像是趋势。”闫维新的判断基于两点，一方面医学影像可以减轻病人痛苦，另一方面原来医学影像读出的信息有限，现在通过医学影像组学可以读出更多的信息，做出更为精准的判断。

浙大医学院附属邵逸夫医院为研究团队提供了上万张直肠癌患者的核磁共振影像图，由医生勾画出肿瘤区域，然后再将这些影像数据供机器学习，经过10余万次迭代，阿尔法医生能识别直肠癌、皮肤癌等疾病。研究团队还曾与交大医学院附属第九人民医院合作，让阿尔法医生根据影像识别诊断血管瘤等六种皮肤病，准确率高达

99%以上。

“科研做的高科技，未必是市场的需求，需要建立个桥梁”，闫维新坦言，2015年研究成果进入医院时却面临着尴尬的现状。根据当时的政策规定，基于人工智能技术的医学影像系统不在医疗器械名录内，所以阿尔法医生无法取得医疗器械注册证，不能上市销售。

这种尴尬并没有将创业者和资本拦在门外。从Watson、机器人到医疗影像AI，人工智能进医院早已不是新鲜事儿。据钛媒体潜在投资统计，仅2017年，医疗影像AI领域有24家公司获得融资，融资总金额共计43亿元人民币。

2017年8月31日，国家食品药品监督管理总局（China Food and Drug Administration，CFDA）发布了新版《医疗器械分类目录》，新增了与AI辅助诊断相对应的类别，在目录中具体体现为对医学影像与病理图像的分析与处理。

这一政策的发布似乎为医疗AI参与者提供了一块敲门砖，但即使能够销售，根据公立医院相关规定，人工智能医生要为患者提供有偿服务，必须有物价部门核定的收费编码，但收费标准还缺乏统一的政策指导。据媒体报道，以IBM Watson为例，其在国内是通过市场化代理机构向肿瘤患者收费，使用医生不同，收费标准不同，一次服务费用最低上千元。由于“人工智能读片费”不在诊疗收费项目名录内，也考虑到安全性等综合因素，许多医院仍然没有动力购置使用人工智能。

“仁济医院放射科约有180人，一天的门诊量将近3 000人，我算了一下，人工智能一天能帮其节省30%的人力，一年是千万级的，但为什么没有用呢？是不好用，好用早用了。”闫维新举的这个例子，透露出人工智能进入医院后尴尬的另一面，除了政策的束缚外，AI落地到医院使用场景时也问题重重。

以乳腺癌筛查为例，筛查方式包括乳腺X射线摄影、临床体检、自我检查、超声检查、核磁共振检查等，仅通过图像来判别是不够的，“影像AI的缺点是不实用，就像是帮助临床医生勾勒出简单的诊断结果，只是干了影像科医生初期的活，真正后期的临床科医生要干的活并没有做。”闫维新坦言，虽然图像处理是人工智能很重要的发展方向，但仅图像处理并非真的有意义，“目前对于人工智能这个六七岁的小孩要求不能太高，还需要医院和学校这种研究层面的机构来进行深入研究，研究出一些关联性，而不仅仅是看片子。”

弯道超车

在人工智能“长大”之前，闫维新绕了个弯，以肿瘤细胞筛查检测为主线，结合病理状态、分子生物学以及影像学等，在检测的各个环节中探寻商业空间。

在回上海交大做老师之前，闫维新的一次创业经历便是与医疗检测仪器相关。2008年，美国为NASA研发制造了一款移动生化分析仪，并研发出独有的Orbos微流控技术，将生物化学中所涉及的血液采样、分离、稀释、制备、反应、检测等基本操作单元集成在微芯片中。与当时庞大的生化分析仪相比，小巧快捷的移动生化分析仪具有革命性意义。

借鉴这个方式，闫维新于2008年在深圳注册了一家公司，做微流控芯片生化分析仪，“早期生化分析仪很大，我们做得很小，那是我第一次创业，当时联想给了最大的一笔天使投资，后来股份卖掉我就离开回学校当老师了”。

从创业者变回老师，闫维新的选择出于几个因素：“微流控是比较好的方式，不过受制于成本，比较适合做高质的IVD（In Vitro Diagnostic，体外诊断），而不是生化检测，这是我受到的一个教训；以IVD的核酸检测与微流控相结合，检测的时候一定会涉及肿瘤和心脑血管疾病，对肿瘤而言，肿瘤样本准备完之后需要依靠大量且繁复的人工进行辨识，因此需要切入人工智能。”

在医疗影像AI进入医院困难重重时，这段经历为帝维达转身将AI应用到肿瘤辨识上做了铺垫。

基于肿瘤筛查过程，现阶段帝维达会在三个步骤内展开布局。第一，通过微流控芯片技术实现肿瘤样本的获取，这样可以借鉴传统的CFDA注册证中的对样本的处理名录，获取注册证，解决进入医院的难题；第二，获取的样本不适于直接观察，需要进行一系列处理才能进行影像学的观察，因此样本处理至关重要，相对应的样本处理耗材必不可少；第三，肿瘤样本获取并处理后，必须对图像进行包括细节放大等图像处理后才能看到肿瘤上比较细致的结构，但图像处理后的海量照片对于人工辨识来说是个苦活，基于此，帝维达研发了一个肿瘤样本图像处理平台，对图像进行扫描、分割、拼接，每次分割都进行人工智能辨识。

这样就形成了一个系统性解决方案，从样本获取到样本处理，再到后期的图像处理以及人工智能辨识，在这样的封闭系统内，帝维达的空间便是做肿瘤样本处理仪器、卖样本处理耗材、卖微流控芯片等，人工智能系统则作为辅助诊断免费送给用户，“利润点不在人工智能，人工智能只是降低使用门槛，以耗材这种传统模式盈利是比较稳定的”。

目前，成立两年多时间的帝维达已经研发出了肿瘤样本处理仪器、微流控芯片、肿瘤样本图像处理平台等产品，也积累了过万级样本数量。

在闫维新看来，样本数量正是帝维达未来在人工智能领域的竞争优势。“真正的人工智能有三个关键：算法、算力、样本。算法大家各有突破，基于传统神经网络来进行模型的勾勒，大的革命性算法还没怎么出现；算力是钱的问题；我们要做人工智能，我们的优势就是我们的样本，就像是房地产的优势在于地皮一样，主要是真正能用的样本。”

但对于所有决心凭借人工智能进入医院的企业而言，样本获取的困难程度各有不同。闫维新认为主要困难有两点：第一是样本收集的困难，病人样本不单是影像样本，还需要有其他样本结合；第二是人工智能技术都在影像学领域扎堆，还需要加上时间轴，这样才可以对病人或者单个病例的发展阶段进行分析，把不同时间段相关联，形成一张密集的网。

而基于单一病种筛查的系统性解决方案，看似绕了个弯却是解决样本问题的钥匙。“人为假想的商业场景很难推动，而用现有的商业场景升级，比较容易切入进去。”闫维新感慨，人工智能还没到收网捕获的时候。

获谷歌投资的晶泰科技，利用人工智能技术加快药物研发

谷歌、腾讯、红杉资本中国、真格基金、峰瑞资本，这个堪称豪华的投资阵容，是由一家成立仅3年的创业公司聚齐的。

2018年1月24日，AI制药企业晶泰科技宣布完成约1 500万美元B轮融资，由红杉资本中国基金领投、谷歌跟投，A轮投资方腾讯继续追加投资。这是继Mobvoi、触手后，谷歌在中国的第三笔投资。

“谷歌的投资决策很快，前后不到一个月时间。”谈及B轮融资，晶泰科技创始人温书豪曾向媒体透露，国内所有主流机构基本都接触过，“我们是AI、云计算和医药结合的公司。红杉资本中国更多是代表医药产业资源，谷歌和腾讯代表的是AI和云计算。”

与多数AI创业公司不同，晶泰科技的前两轮融资反而避开了人工智能最火热的那两年。

2015年，晶泰科技获得腾讯、真格基金、峰瑞资本数千万元A轮投资。峰瑞资本创始人李丰曾在一次公开分享中提起过这次融资，产生投资想法时，李丰刚刚离开IDG资本，峰瑞资本的新基金还没做起来。但后来，晶泰科技成了峰瑞资本在AI医疗领域的第一笔投资。

帮助药企找到“金刚石”

晶泰科技于2014年成立，彼时，温书豪、马健、赖力鹏三位创始成员都还在MIT（麻省理工学院）进行博士后研究。创业开始时，团队发现对于小分子药物来说，晶体是很好的切入点，因为身处药物研发重镇波士顿，于是便聚焦于药物晶形预测这一方向。

分子不同的排列方式构成了不同晶型乃至固相，一种药物可以有多种晶型，但不同晶型在体内的溶解和吸收可能不同，也会影响制剂的溶出和释放，进而影响临床疗效和安全性。

正如石墨和金刚石，同样是由碳原子构成，但金刚石因其稳定的结构更具商业价值，晶泰科技做的事情便是帮助药企找到“金刚石”。

新药研发的链条分为研发靶标的确立、临床前研究、申请临床试验（从实验室推到动物、推到临床）、新药申请、上市及检测等几个阶段。整个过程长达10年甚至更久，而每个阶段都是一场残酷的“淘汰赛”，这意味着创新药研发的成功率随着链条的向后延伸而越来越低。

虽然药物晶型主要涉及药物研发前半部分，周期长达6～8年，但更大的考验在于研发结果的不确定性。“药晶体以前关注的人不多，但小分子药物要变成真正产品的话，这是没办法绕过去的环节。”温书豪坦言，药物晶型研究的最终目标是要获得固体化学药物的“药物优势晶型”，这是一个涉及化学、物理学、生物学及分析学等多个交叉学科的难题。

利用深度学习和量子物理算法实现的晶体结构预测技术如何帮助药物研发呢？其优势在于通过结构优化的过程，在较短时间内帮助药企设计出很好的药品。

目前晶泰科技专注于晶体研究算法效率的提升，并通过人工智能来预测药物的ADMET（Absorption、Distribution、Metabolism、Excretion、Toxicity，吸收、分配、代谢、排泄、毒性）等药物开发信息。“这个领域不是说只要有AI背景，智能算法就容易进入，更多的是既要懂人工智能的算法，又需要物理、医药知识的辅助。”温书豪坦言，涉及多个学科，让这件事儿的门槛变得更高。

但这也意味着一旦做出来会很实际地帮到药企，“如果在这个地方能帮到他们的话，相当于算法在一个关键环节落地了”。

落地

2016年，是晶泰科技的关键节点。

那一年，晶泰科技获得了一家顶级国际药企的晶型预测盲测机会，与参与盲测的多家知名机构和技术队伍相比，晶泰科技还只是一家初露锋芒的创业企业。

幸运的是，晶泰科技从盲测队伍中脱颖而出，获得了这家跨国药企的认可与合作机会。这家药企的一位科学家曾透露晶泰科技脱颖而出的原因，“我们有三个不同的化合物，让晶泰科技预测一下它的晶体结构，将传统的工作流程时间和晶泰科技帮我们工作的时间对比发现，晶泰科技的时间缩短了，而且准确性提高了。他们可以把晶体预测的时间从一个月、两个月，缩短到一两天，同时他们还可以去想怎样优化化合物的分子结构”。

这次盲测让温书豪意识到，“外部的驱动力很重要。药企会从他们的角度来看我们的算法和应用场景，这种结合对我们帮助很大，这种客户不是简简单单的客户，更多是战略合作伙伴，人工智能落地是工业需求引领的”。

目前晶泰科技产品的受众以药企为主，晶泰科技推出了“药物固相高精度筛选与设计云平台”与“AtomPai平台”。

“药物固相高精度筛选与设计云平台”这一部分的算法更多是以合作研发模式服务药企，利用云计算、量子物理、计算化学相关的方法来进行计算。“AtomPai”则有两个版本，一个是AtomPai Zero，主要面向更广泛的科研机构和企业，另一个是AtomPai Renova，主要面对药企，针对药物早期发现、药物设计等方面的需求。

AtomPai Zero是以云计算平台作为支撑，把日常分析所需要的数据和算法提前部署在上面，不论是医院的医生，还是药企的数据分析人员，或者是学术界做研究的老师，不写一行代码，就可以用人工智能算法进行辅助研究。

AI算法到了药物研发领域需要高度定制化，并非放之四海而皆准，对于不同研究领域和方向，都需要各种参数调整和比较特殊的算法定制化，这便是AtomPai Renova诞生的前提。目前这种基于项目上的合作，已经能实现针对药活性的预测、ADMET（药物的吸收、分配、代谢、排泄和毒性）等影响药物在后期走到市场上的20多种问题。

把算法赋能给药企，帮助药企提升研发效率，这是温书豪认为AI创业的机会，而晶泰科技的这些算法全部基于其在亚马逊、腾讯云、谷歌云和阿里云上的布局，晶泰科技联合创始人赖力鹏透露，目前在云平台上可以调用超过一百万个CPU，"依赖于这种庞大集散资源的支持，我们才有现在的发展"。

现在是诸侯混战开始阶段

温书豪也有着同样的看法："AI热潮的涌起源自硬件方面的突破，近几年数据量又有所爆发,AI医药可能带来一些新的爆发点和机会。"

这种看法来自晶泰科技的客户，虽然目前晶泰科技的客户以国际药企为主，但在接触国内外药企时，温书豪感觉到几乎100%的药企对这个方向报以极大的兴趣，而且公司高层都会在这个方向投入很多经费。他对此很乐观："人工智能技术的发展确实很快，又有药企的推动，如果乐观估计，2～3年肯定会看到这个技术在行业内落地开花。”

但据钛媒体对潜在投资的统计，目前全球范围内致力于早期阶段药物研发的人工智能企业仅有10家，多分布在美国，目前只有两家进入中期融资阶段。

为何这类创新公司在中国发展相对缓慢？2017年10月，在晶泰科技联合辉瑞、腾讯共同举办的人工智能医药大会上曾有过相关的讨论。科辉创新董事长赵春林认为，人工智能医药创新型公司在中国快速发展面临最大的挑战是，中国的新药研发很少。启明创投合伙人叶冠泰的担忧却是，“有一个比较平衡的基因，稍微懂得商业化，又懂得医疗，又懂得IT的公司是非常少的”。

与此同时，全球创业公司面临的共同问题是如何获取高质量数据。虽然目前晶泰科技的数据来源有三个方向：公共数据、自身研发数据以及药企合作数据。但温书豪认为这一行业将面临两个核心问题：“第一，怎么保证高质量数据。因为数据海量产生，但只有专业机构里有，而且要通过非常严格的流程才能获得高质量的数据，如果无法获得高质量数据，那么就无法获得真正有效的AI模型；第二，数据的私密性和安全性也是另外一个问题，因为好的数据对每个药企公司都是非常重要的数据资产，怎么能够共享数据呢？”

数据问题并非一家可以解决，温书豪认为需要药企、创业公司与政府共同推动，“这是由比较复杂的多方问题综合决定的情况”。

“只要真正落地到企业，或者能帮助到这些科学家，让他们看到效率提升的话，应该会更快。”但同时，温书豪又提出了另一个问题，“你和别人的差别到底有多大？你做人工智能，别人也做人工智能，虽然数据里边相差的小数点或者数值不大，但是否真正帮助药企解决了问题？”

药物研发的周期长达10年甚至更久，利用AI技术产出药品没办法较快看到结果时，温书豪认为更关键的在于“产品的应用场景、算法是不是真正能帮助药企解决实际问题”。

目前，晶泰科技还尝试和波士顿地区制药领域的科学家合作，通过和他们深度交流来发现制药工业领域的应用场景，比如和科学家们共同组建公司，或者直接合作开发产品。

“我们肯定会在药物固相这个领域做到极致。”晶泰科技基于晶型预测算法积累了底层技术，在此基础上，公司也会在药物研发的各个环节，比如早期药物发现、临床影像、药代动力学、制剂等领域有所尝试。“一些研发已经在推进，2018年下半年应该会逐渐看到在不同环节算法落地的情况。”温书豪坦言，“人工智能和医药的结合，现在已经是诸侯混战的开始阶段了。”

“虚拟病人”开辟另类医学教育，治趣人工智能训练基层医生

治趣于2014年成立，专注于构建以“临床思维”培训为核心的“虚拟病人”。和IBM Watson、Deepmind这类“虚拟医生”相比，“虚

拟病人”的受众群体有限、受关注程度不高，但与“虚拟医生”聚焦于同一个问题，即如何解决医生资源短缺难题。

“我们国家缺的就是老师，国家的‘十三五’规划显示，我们的医生缺口还是很大的，到2020年要培养50万新医生，15万全科医生，压力很大。”谈及为何切入医疗教育领域，治趣创始人曾承觉得医生资源短缺是真实存在的需求，而通过“虚拟病人”可以帮助医生模拟现实中的病患情况，训练临床思维能力。

这是曾承的第四次创业，这位武汉大学计算机学院副教授从2005年开始创业，先后做过专利大数据分析、可穿戴设备、室内定位。创立治趣的头两年，曾承和同事们埋头琢磨技术如何与临床病例结合构建出一名合格的虚拟病人，直到2016年9月，治趣才将产品推向市场，图4–3所示为治趣产品形态。

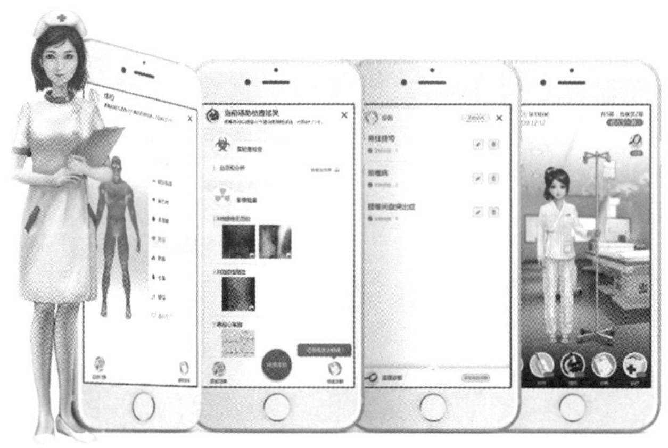

图4–3　治趣产品形态

截至目前，治趣已经研发了3 000个病例，覆盖了23个专科，300多个病种，积累了50万用户，实现了3 000万元营收。在接受媒体采访时，曾承透露，“2018年预计很快会突破200万用户”。

合格的虚拟病人如何构建？

就像飞行模拟器一样，治趣打造的虚拟病人是为了给医学生以及年轻医生提供模拟训练，培养临床思维。一位虚拟病人的病例往往比较复杂，医生需要模拟现实中的病患情况自己做出正确的检查步骤和决策。

治趣首先从常见多发病切入，其研发的第一个病例是呼吸内科。以呼吸内科为例，如果要进行模拟训练，用户可以先选择科室从而进入待诊页面，随机会出现一位病人，用户可以先查看其电子病例了解患者的基本情况，然后按照问诊、查体、辅助检查、处置等步骤进行临床检查，而这名虚拟病人会根据用户的诊断以及时间的推移产生新的变化，用户可以根据新的病情继续进行模拟诊疗。

看似逻辑清晰，但虚拟病人构建并非是拿一个真实病例来模拟就可以，构建一位虚拟病人需要3～6个月。

以病种为单元进行数据挖掘，将成百上千个相关病例通过数据挖掘的方法把疾病相关的诊断思路挖掘出来，然后作为基础方案提供给专家，专家在这个基础上进行修正、补充。曾承举了个例子：

“就像写一本小说一样，但这本小说写的时候是以机器和人工相结合的方式，作者不用从零开始写，而是机器帮他写基础部分，作者再去调整加工，而且加工的过程也不只是一个医生，有可能是一个医生团队。”

构建模型是一个反复的过程，在病例采集、诊断、治疗的整个诊断路径中，不同医生会有不同的方法，因此一位病患的痊愈可能会存在多种方法，而曾承在这个过程中引入了1 000多名三甲医院的专家医生，“我们在构建虚拟病人时，虽然会有不同的方法，但我们会把概率最高、最常见的方法推荐给专家，专家在其中进行筛选或补充，一点点去调整，调整的过程中机器也会反复去学习”。

为了保证临床训练的准确性，治趣会将虚拟病人给不同的专家评审，实现跨地域审核，减少差异性，这也是为何治趣在成立两年后才将产品推向市场。“差异性大的病例我们就暂时不上线，我们现在做更标准的病例。”

曾承并非没有意识到这个过程中效率较低的问题，但他认为现阶段用纯人工智能并不是好办法，“现在上来就拿上万电子病历的数据去训练，这种纯人工智能的方式我们也在做，但准确率不是很高。可能在某些领域会适用，比如临床辅助诊断，是目前做得最多的领域，而且这个领域拿到融资的公司至少有20多家，但是目前也没有哪一家是真正临床效果很好的，因此这还是蛮难的”。

“我们前期花了相当多的时间去做数据清洗、数据集成，辅助诊断看似很美好，但落地很艰难。”基于此，治趣将两者同时并行，早期阶段靠人工去把控病例质量，曾承坦言，“人工智能要做到多少智能，前期就需要多少人工。大数据在一定程度上可以加速整个过程，但最终还是需要人工参与。”

现在还只是冰山一角

“最开始做标杆真的是非常非常难。”即使曾承有着武汉大学副教授的身份，治趣进入武大医学院仍花了两年时间，而创业公司攻克三甲医院也遇到了不少困难。

2016年下半年治趣开始接触华西医院，第一次去，刚表明身份做了简单的介绍后，曾承便被客气地请了出去。后来曾承又去了一次，问负责人可不可以给他一分钟，“我把系统界面打开给他看，对方就继续让我们讲了。我没继续讲产品，而是讲了自己对于医学教育的行业理解和我们未来的想法，这一点可能打动了老师”。

华西医院曾在2015年使用MicroSim的模拟病例系统，该系统为医生、医学生、护士、医生助理设计，有8个不同的模块，每个模块有5个病人并带有不同的病例，让学员做不同处理。通过MicroSim的教学运用，华西医院认识到虚拟教学的优势，还购买了DxR虚拟仿真临床思维训练系统。

但由于这些全部是国外产品，多年前购买的系统不太适合现阶段国内的医学发展，看了治趣的产品后，医院负责人告诉曾承，下周刚好有住院医师实习培训，要做一次在线考试，让大家来评价，如果好就继续用，如果不好只能说抱歉。这次试用后，华西医院又给了治趣两次机会，把国外、国内的同类型产品给一拨人同时使用，然后让学生直接评价哪一个是最好的，“80%投向我们，后来就深度合作了”。

签下华西医院的合作之后，治趣又陆陆续续签下了协和医院、北大附属医院、湘雅医院等合作，2017年，治趣共计攻克了300多家三甲医院和医学院校。“再往后推实际上就是靠惯性了”。

曾承透露，治趣3 000万元营收主要来源于医疗机构和政府。2016年内容春潮的乍现推动了知识付费，也为治趣的市场推广带来了新的机会，“医疗领域对于租赁的接受程度还是比较弱的，不像其他很多领域，现在慢慢开始有眉目了”。

2017年上半年，治趣的用户还是以医学院学生为主，但从2017年下半年开始治趣转为以基层医生为主。关于这一转变，曾承有两个考虑：一方面，医学院学生规模有限，与基层医护人员相比差了几个量级；另一方面，更为重要的是，基层医生的医学继续教育培训需求极为紧迫，而治趣的出现便帮助基层医生填补了临床思维训练的空白。

“现在治趣的用户是一个省一个省签下来的”，这也是曾承告诉钛媒体“2018年治趣的用户预计很快会突破200万”的主要原因。

治趣2016年9月启动市场推广，预计未来毛利超过75%，图4-4

所示为治趣营收规模。曾承坦言，对于医疗机构和政府而言，以前喜欢项目的合作模式，一个项目一百万元、两百万元，但周期很长。2017年下半年开始，治趣也开始尝试推SaaS（企业的服务）的方式。

目前整个医学教育行业有三类参与者：一类是传统教育平台向医疗教育延伸，比如新东方在线的医学教育频道等；一类是互联网医疗App的上下游产业链延伸，如丁香园旗下的医学在线教育平台医学时间App、阿里健康与浙二医院共同打造的“虚拟病人”等；还有一类则是从垂直细分领域切入的互联网医学教育平台，例如治趣、i-Human、Syandus等。

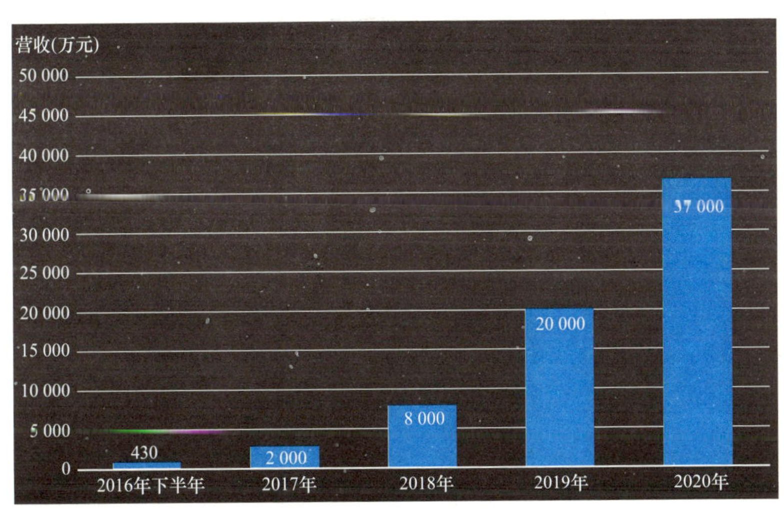

图4–4　治趣营收规模

但在曾承看来，医学教育是一个百亿级市场，而通过远程、课件等方式还是属于传统医学教育，强在内容的建设，并没有把大数据和人工智能的方式跟医学相结合，也正因为如此，传统教育平台建起来会简单很多。

“医学教育的核心是内容，医学教育有大量的诊断疾病相关的内容，所以，未来内容的成长空间是非常非常大的。”曾承认为“虚拟病人”是一个芯片，可以嵌入App、整体解决方案里，而现有的医学教育公司都可以是治趣的合作方，“就跟阿里云出来以后对IDC机房的颠覆一样，这个行业会出现颠覆”。

“我们目前做到的只是冰山一角，现在享受到的服务也是冰山一角。”目前治趣基本覆盖了常见多发病，未来一年时间，治趣不会在数量上、病种上扩展，而要在专科疾病上做深。曾承感慨，“还是要打持久战的”。

第 5 章

新技术落地漫长而曲折

信息系统的执行成本高昂且失败多多，到了20世纪70年代，随着技术的发展和各个组织中不断增多的系统接受失败，研究者开始关注起预测系统使用。最初，人们主要关注的是那些推动信息系统使用的要素，但是，大家渐渐发现，这样得到的大量研究成果实际价值寥寥无几。最终，研究者们意识到，只有把那些要素整合到一个能够推动信息系统使用分析的模型中去才能真正解决当时面临的问题。

推动信息系统使用分析的模型

1975年，马丁·费什拜因（Martin Fishbein）和艾萨克·阿耶兹（Icek Ajzen）提出了理性行为理论（Theory of Reasoned Action, TRA），他们认为，在考虑了之前的意图和对既定行为的看法后，一个人才会做出实际行为。他们把一个人先于实际行为的意图视为行为意图（behavioral intention），行为意图是测量一个人执行行为的意图的基准，而一个人对实际行为的态度和对行为心存疑惑的主观规范决定了行为意图，这套模型能够很好地解释和预测个体的实际行为，这套理论为弗雷德·戴维斯（Fred Davis）提供了新的灵感。他将一个系统的实际使用视作一项行为，那么费什拜因和阿耶兹的理论就提供了一个能够解释行为的合适模型。但是，戴维斯对这套理论进行了取舍，他首先否认了主观规范在预测一个人实际行为中的作用，其次，在决定既定行为的态度上，他舍弃了众多个体的显著看法。

到了1985年，戴维斯在论文中提出了技术接受模型（Technology Acceptance Model，TAM），他指出，系统使用是可以通过用户动机解释和预测的反应，而用户动机又受到包括实际系统特性和能力的外部刺激的直接影响。

戴维斯认为，用户动机可以通过可感知的易用性、可感知的实用性和使用态度三者来解释，易用性对实用性有直接影响，两者被假定受系统设计特征直接影响，而又共同影响着用户的态度。随着之后戴维斯加入新的变量和其他人研究成果的补充，尽管在方法使用、模型内部的变量和关系、理论基础上，技术接受模型已经受到了越来越多的挑战和质疑，但它依然是目前为止最强有力的解释和预测系统使用的模型。

而在解决用户技术接受问题的绝大多数研究中，技术接受模型已经成为最流行的方向，如图5-1所示。

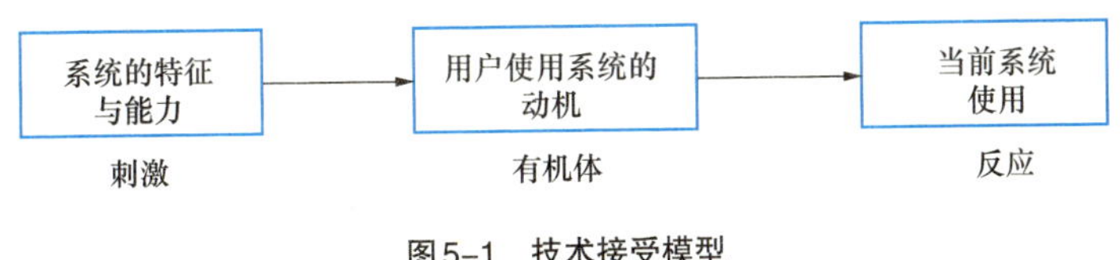

图5-1 技术接受模型

在创新扩散的历史上，它必然受到两个扩散过程特性的约束：首先，是它总体上的明显降速，其次，则是不同发明的采用速度上的高低差别。

罗森伯格曾经指出影响创新扩散的两个因素。

抵消不确定环境和有限信息导致的成本变化，采用一项新技术并因此而获益，扩散就是权衡该收益的个体计算的一系列累计或总结果，扩散受供给双方的个体决策影响，这种决策的本质和核心不是指是否采用创新或新技术，而是决定当机立断还是推迟采用。因此，和新技术的发明不同，扩散往往是一个持续且相当缓慢的过程，它事实上最终决定了经济增长和生产力变化的速度。

埃弗里特·罗杰斯（Everett M. Rogers）把创新过程中社会系统内的个体类型称作“采用者类别”（adopter category），他认为存在着五种用户类型，如图5-2所示。

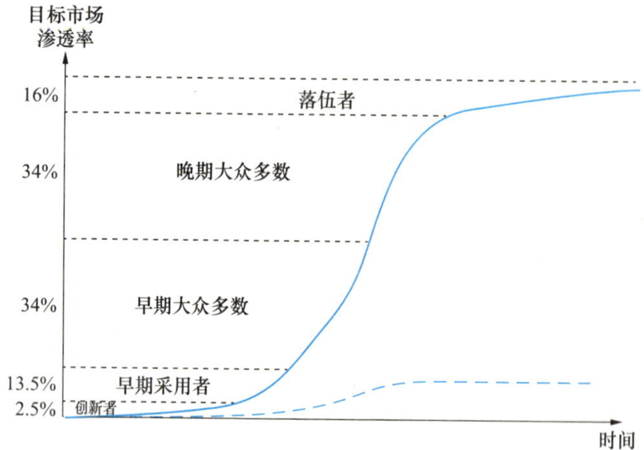

图5-2　技术采用的S曲线

一开始，创新扩散的速度还很慢，最初的采用者被称为“创新者”（innovators），在整个用户群体中的比重只有2.5%。他们是创新最早的采用者，最年轻且社会等级较高，拥有较大的财富自由，同时愿意承担更高的风险，这使得他们愿意去采用新技术并承担失败的后果。

接着是早期采用者（early adopters），比重上升到13.5%，他们比起其他类别的采用者有更大的意见影响力，然后是早期大多数（early majority）和晚期大多数（late majority），这两个类别的用户在总用户中的比重都达到了34%，前者往往拥有平均线以上的社会地位，但是在整个社会系统中几乎没有任何影响力，而只有等到社会中的大多数人已经采用了新技术和创新之后，一直持怀疑态度的后期大多数用户才会去采用，他们的社会地位普遍较低，在经济上也不宽裕。

最后阶段则是落伍者（laggards），他们在用户中的比重为16%，该类型用户年龄偏大，对社会意见置若罔闻且往往抗拒采用创新。

整个过程可以被描述为一条 S 曲线，两种不同的机制可以用来解释 S 曲线的产生。

首先是采用者多样性模型。该模型认为不同的个体对创新的价值有不同的认识，潜在采用者对新产品价值的传播是正常的，接下来，新产品的花费固定或持续下降，随后，当个体拥有的产品的价值已经大于付出时，他们就会采用。

另一个则是学习模型，它认为消费者有着个性化的品位，新技术的成本一直是固定的，但是同时并不是所有消费者都具备这些信息。每个消费者都是通过各种传播途径了解和认识这些技术的，越来越多的人在任何时期内都可能会采用这些技术，于是就导致了采用速度的不断提升。最终，市场开始变得饱和并开始萎缩。

保罗·斯通曼（Paul Stoneman）提出了另外一种看法，他认为新技术采用类似于不确定条件下的投资，因此可以在实物期权的框架下对其进行分析。这种模型下的技术采用的特征是未来利润来源的不确定性、产生沉没成本的不可逆性和延迟投资的机会。

在该模型中，一个潜在采用者被视作是买入期权拥有者，一旦采用了新技术便可以在任何时间点行权。于是，技术采用的过程就相当于期权持有者等待期权价值最大化的过程，技术采用不应该发生在成本和收益平衡时，而应延迟到收益超过成本的时候。

让经济学家和政策制定者都感兴趣的问题是，究竟是哪些因素决定着技术扩散的速度？又是什么决定了 S 曲线渐进的天花板？

首先，是在需求侧。

对消费者而言，“受益”就是新产品中增加的效用，当然也包括观感好恶等非经济原因。但是，同时还存在另外一些重要性不在其下的决定性因素。

罗森伯格曾经指出，工人的技艺水平和资本品（capital goods）

部门的状态是决定新技术向个体公司扩散的两个重要决定因素。如果一项技术的应用需要复杂的新技艺并且要在时间和成本上需要庞大支出才能实现的话，那么技术采用必然会很慢，而一项发明的最初概念化需要适当的技术和技艺使其取得商业上的成功，这恰恰是资本品发挥作用的地方。

弗朗西斯科·卡塞里（Francesco Caselli）和约翰·科尔曼（John Coleman）分析了1970—1990年经合组织中大多数国家的电脑采用情况，结果发现，工人的受教育水平、对制造贸易的开放态度和国家的总体投资率是决定在电脑上投资的重要因素。这佐证了罗森伯格的观点，因为高的受教育水平和技艺水平、导致高度发达而完善的资本部门的高投资率恰恰是密不可分的。而且，电脑在制造业进口中占的比例较小，对贸易的开放态度实际上就意味着从发达国家进口的高科技产品，而这通常伴随着高水平的知识转移（knowledge transfer），而这最后也会加强电脑技术的采用。

对某些行业来说，一个稳固而安全的消费者基数是推动技术采用的重要条件。为了收回新生产技术上的高昂投资，公司都希望未来能降低消费者采用决策中的内在风险，以期获得回报。如果用户需求处于不确定的状态，那么公司就很难确定他们是否能够收回采用新技术的投入，于是，尽管新技术可能在生产效率或质量上有极大的潜力，这些公司也会将之弃如敝履。

苏珊·赫珀（Susan Helper）曾经研究了数控机床行业在美国自动化供应产业中的采用度，她测试了期望有效获得、公司的市场势力

(market power)、公司与其客户关系的稳定性三个因素在采用过程中的影响大小，结果显示，在自动化行业中，那些效率提升但是没有稳定客户基数的公司的数控机床的采用率只有一半不到。为供应商提供合同保证的承诺需求、消费者承诺直接影响了技术采用，而在一个高度集中的市场上，消费者往往难以寻找到可替代的供应源，他们只能和签有合同的公司继续合作，于是，消费承诺又间接地影响了采用。

在今天，技术的高度相关性使得技术标准应用越来越广泛，技术对一位用户的价值伴随着网络里使用这项技术的用户数量增加而增加，这就是技术的网络效应。通过影响新技术的预期收益，网络效应对技术采用也产生了深刻的影响。

加思·塞隆纳（Garth Saloner）和安德里·谢帕德（Andrea Shepard）在银行采用 ATM 的案例研究中证实了网络效应的重要性。他们发现，如果 ATM 在一个区域内分布较广的话，消费者就能够在区域内任意使用，则 ATM 获得的收益就增加了。也就是说，ATM 网络的价值随着分布的增加而增加，银行网络的价值也在一定程度上取决于银行网络的最终规模。那么，银行如果想获取尽可能多的消费者剩余的话，就需要更快地采用 ATM。

从数学角度出发，我们可以为需求侧建立四个模型。

流行扩散模型（Epidemic）。这是最早也依然是目前应用最广泛的模型。它假设存在一个潜在采用者的均一总体，通过已有和潜在的采用者之间的个人接触或地理临近关系来传播信息，以实现创新扩散。然而，该模型现在已经因为假设所有潜在采用者都是相似并且拥有相同的需求而遭到批评。

巴斯模型（Bass）。该模型包含创新者和模仿者两个群体，它认为针对两个不同人群应该采取不同的市场营销方式。巴斯模型在经济和市场营销调研中颇具影响力。

扩散模型（Probit）。该模型包含了更全面的潜在采用者群体。它认为潜在采用者对不同的价格和收益有不同的阈值，并且只会根据一定的标准和阈值来选择采用创新，因此，潜在采用者越相似，扩散越快。

贝叶斯模型（Bayesian）。Probit 模型假设潜在采用者都具备对创新价值的了解，然而，这样的前提条件并不现实。因此，贝叶斯模型将信息的缺失视作自己的约束条件。对创新价值他们都有各自的看法，在尝试之后这种看法也许会改变，因为这些尝试是私下发生的，所以模仿并不可能出现，而其余的潜在采用者也不可能了解到相关的情况。

选择四种模型中的哪一种取决于创新的特质和潜在采用者的特性。简单的流行扩散模型适用于新的进程、技术等，而巴斯模型则最适合消费产品。两种模型都对潜在采用者特征差异的重要性言过其实，但是又低估了宏观经济和供给侧的效应。

在供给侧，同样存在影响技术采用速度的因素。

通常，一项新技术的效率提升在改善阶段总是比初始阶段高的，如果它在初始阶段是不完善的，那么其后的改进速度就将是决定其采用快慢的关键影响因子。摩尔定律指出，只有提高集成电路光刻设备和芯片原材料制造水平，才能提高芯片本身水平。

有时候，一项创新实际上就是对旧技术的有限取代（close substitute），它使得旧技术的提供者做出改进或通过其他竞争手段来保住自己在市场中的优势，而这也会延缓技术扩散。

互补投入在技术扩散过程中也发挥着重要的作用。在移动通信行业中，频谱容量是传输电波的关键资源，从模拟信号到数字信号的转换极大提升了频谱的有效容量，进而提升了无线电传输的数量和质量。哈拉尔·格鲁伯（Harald Gruber）和弗兰克·维尔伯芬（Frank Verboven）关于20世纪90年代欧洲移动电话的研究显示，相比价格因素，频谱使用的改进在推动移动电话的扩散上发挥了更显著的作用。

除了供给侧和需求侧之外，环境和制度也决定着技术扩散的进程。

南希·多夫曼（Nancy Dorfman）指出，四个论点倾向于支持公司规模和市场占有率在决定创新活动上的积极作用。

熊彼特指出，公司越大，则其采用新技术获得的回报越高，对采用新技术的投入也就越高，由于利润在市场竞争中受到侵蚀，所以只有那些拥有强大市场势力的公司才会寻找到有利可图的地方来采用新技术和创新。

而在不完全的资本市场（imperfect capital markets）中，由于投资者和公司之间存在着信息不对称，因此更大、盈利能力更强的公司更愿意投入财政资源来交易和应用新技术，熊彼特认为，这些大公司也往往对人才等其他必要资源势在必得。

新技术获益的不确定性是阻碍技术扩散的重要原因，使用、开发和推广新技术的潜在风险对一般公司是难以承受的巨大负担压力，但是对于多元化经营、有更多技术探索的大公司来说，这样的风险并非不能应付。由于不少新技术的收益是随着规模扩大而更加显著的，而大公司能尽快实现规模效益并降低固定成本，因此它们就能更快采用新技术。

但是，同时也存在着反面论点，认为大公司会影响技术扩散的速度。

首先，人们认为，大公司存在着官僚主义弊病，而这会延宕新技术的决策进程，大公司往往在旧技术上投入了大量资源和人力资本，整个企业架构也是为此设计的。

蒂莫西·汉南（Timothy Hannan）和约翰·麦克唐纳尔（John McDowell）的研究指出，市场集中度、银行规模、是否被控股公司控制等市场条件都显著影响了美国银行在1971—1979年对 ATM 的采用速度，结果证明，因为没有成为大公司的一部分，所以控股公司银行的风险水平更低，利润更高。

市场结构同样也对技术采用有影响。

在欧洲移动电话采用研究里，格鲁伯和维尔伯芬利用移动电话提供商的市场结构和移动通信技术从模拟信号转换到数字信号过程中取得的进步两个因素来解释迅速扩散的变化情况。他们发现，技术进步是最重要的因素，而供应商的集中程度和消费者对移动电话的采用程度呈负相关关系。

菲利普·帕克（Philip Parker）和拉斯–亨德里克·卢勒（Lars–Hendrik Roller）针对美国1984—1988年移动通信扩散的研究显示，双头垄断市场中的价格比垄断市场的低，而非合作双头垄断市场中的价格较合作的双头垄断市场的价格更低，这极大地刺激了移动电话的扩散。

监管环境和政府制度通常对技术采用有着极大的影响力，政府通常会以其能力通过网络效应来资助新技术。

劳伦斯·贝克（Laurence Baker）对医保制度的研究指出，由于为预先使用和昂贵疗程提供赔付，所以一个大方的医保体系往往会欢迎新技术和治疗方法的采用，而管控型医保组织则恰恰与此相反。众所周知，它们为了削减成本而严密监控昂贵疗程的使用，自然阻碍了它们对新技术的采用。贝克发现，即使控制了州层面管理的变量和未观测到的异质性，健康维护组织的市场份额一旦上升，医院采用 MRI 技术的可能性就会出现显著下降。

大卫·卡特勒（David Cutler）和马克·麦克米兰（Mark McClellan）在1996年的研究也证实了一个慷慨的保险环境在采用技术决策上的正面意义。他们研究了1984—1991年的血管成形术（angioplasty）的采用情况，发现保险环境、各州关于新医疗技术的制度以及医生和医院之间的互动是决定采用这一心脏病高级疗程的决定性因素。

对新技术的采用不仅取决于市场结构或保险环境的制度，还受到包括环境监管等其他制度的影响，后者之所以能直接影响技术应用，是因为在某些行业中存在禁止或需要某些技术和生产方法的规章。

韦恩·加里（Waync Gray）和罗纳德·沙必真（Ronald Shadbegian）的研究指出，美国在20世纪七八十年代环境监管措施的变化影响了造纸和制浆行业公司的技术选择。在20世纪70年代以前，相关制度是由州和当地政府制定和执行的，联邦政府并没有参与其中。随着70年代初环境保护署的成立和联邦政府严厉的制定执行，情况才发生了变化。

在调查了1972—1990年的数据后，他们发现，首先，工厂的年龄和它们使用的技术的排污能力相关，越年轻的公司越愿意采用排污较少的技术；其次，在更严厉监管环境下的新工厂更愿意采用排污更少的新技术；最后，规章驱动型的投资和生产力主导下的投资会相互侵蚀对方的份额。

大卫·莫厄里（David Mowery）和罗森伯格研究了20世纪中叶美国商业航空制造业的技术创新扩散。他们发现快速扩散先后受到了邮政部和民用航空委员会等管理机构的影响，在民航委的主导下，价格竞争受到了限制，于是各个航空公司把注意力纷纷转向了新的制造技术上以比拼质量，有关部门对长途点对点服务的鼓励则进一步加速了美国航空制造业生产60座以上大型飞机的创新和扩散进程。

罗杰斯总结了决定市场采用新技术的速度和广度的五个因素。

相对优势（relative advantage）。一款产品相对它欲取代的产品或竞品的优势，从经济方面来说，这种优势包括价格和成本，从非经济方面看的话，则涵盖易用性、满意度和美誉度等。

兼容性。即创新契合消费者现有价值、经历和潜在采用者需求的程度。兼容性既包括现有的技艺和实践，也包括价值和规范。

复杂性。对用户而言，一项创新究竟有多难理解或难用？比起那些要求简单的产品服务，需要潜在采用者应用新技艺和知识的创新传播起来总是会更慢。

可尝试性。即在有限的条件下用户尝试使用创新产品服务的程度。一个可尝试性高的创新对潜在采用者来说就意味着更少的不确定性，意味着用户可以通过使用来学习。但是，当用户发现使用产品后的体验非常糟糕时，不管之前的过程是多么让潜在采用者享受，他们可能都会拒绝这样的创新。

可视性。创新产品服务是否会被别人看见？越是能让别人轻易看到创新带来的便利和好处，创新扩散起来就会越快。

第6章

成长的烦恼

罗马并非一日建成，为它奠基的是阴谋和战争中的牺牲品。同样的道理，在一家成功做大的创业公司背后，往往有数十家“铺路”的公司。

并不是每个人都有勇气和意志去创业并愿意承担失败的风险和结果的，即使在美国，绝大多数人依然是寻求安稳工作机会的，这种趋势甚至会因为各州的大小而出现有趣的变化。

在2008年发轫于美国波及全球的金融危机之后，创业公司的数量在美国出现了显著的下滑，其震荡之激烈与持续时间之长远远超过了20世纪与21世纪之交的互联网泡沫造成的冲击。图6–1所示为美国1996—2016年创业企业变化。

在2017年，全美最小的25个州人口中位数为180万人，居民从50万到450万人不等，而25个人口最多的州其人口中位数则达到了690万人，这些州的居民少则450万人，多则高达3 800万人。25个最大的州中有24个州的城市化率超过了65%，这其中的16个跻身于全美城市人口最多的州。25个人口最小的州里面的12个州的城市化率不足65%。

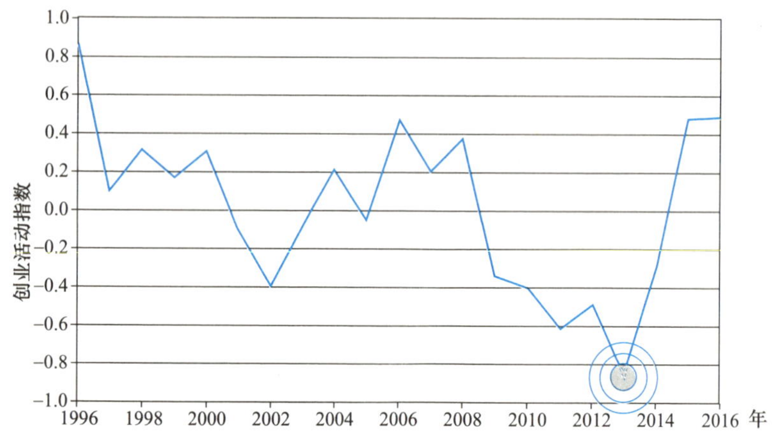

图6-1　美国1996—2016年创业企业变化

来源：*The 2017 Kauffman Index of Startup Activity*

数据显示，在人口最多的25个州里，每10万人中新企业家数量超过400人的只有加利福尼亚、得克萨斯及亚利桑那州，不足300人的州则有15个。然而，在人口最少的25个州里面，每10万人中出现新企业家数量超过400人的州高达6个，不足300人的州则只有11个。

从绝对数量来看，当然还是大州的创业者更多，但是，从相对数量来看的话，反而是人口最少的州体现出了远胜于大州的创业兴趣。在人口最少的州里面，北达科他州、南达科他州、内布拉斯加州、堪萨斯州一线及附近的艾奥瓦州每10万人中的企业家数量是最少的，而它们的经济形势恰恰也是相对较差的，这5个州自2017年第3季度到第4季度的 GDP 增长分别为−1.3%、−0.5%、0.9%、2.3%及0.7%，而从另一方面来看，这5州恰恰同时又是小州中创业兴趣较浓厚的地区。

在加州这样的地区，人们对创业的兴趣自然非常浓厚，但是，在某些地区，经济水平和其创业热度有可能呈负相关关系，人们的创业热情不仅没有受到当地并不发达、不成熟的创业环境的束缚制约，反而将创业当作改变经济命运的重要际遇。

但是，创业同时存在着极高的风险。

涵盖1990—2010年超过35 568家初创公司的数据中，最终只有6 856家公司成功上市或被收购。一家创业公司获得新的融资并不意味着它成功的机会就提高了，实际上从统计学的角度来看，这反倒意味着它失败的风险越来越大，存活下去的机会只有1/3。图6–2所示为1990—2010年美国创业公司的出路。

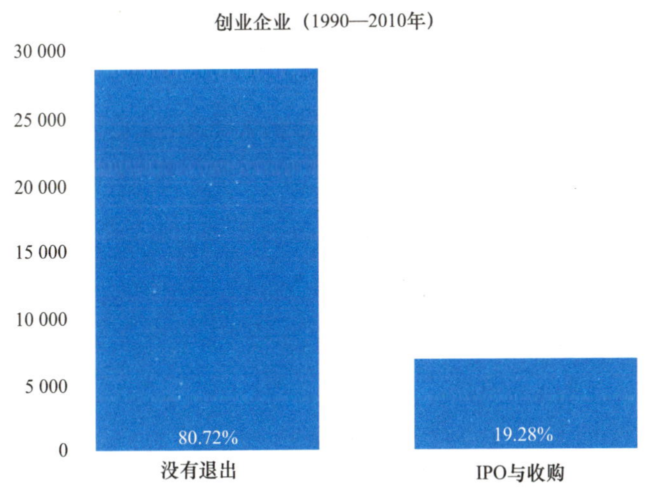

图6–2 1990—2010年美国创业公司的出路

来源：*Towards Data Science*

在获得种子轮融资的公司中，高达79.4%的初创企业最终未能获得下一轮投资，无法退出的机会则高达97%。获得 A 轮融资后，成功获得下一轮融资的机会越来越小，一家公司获得 D 轮融资后进入下轮融资的机会只有1/3，而在获得 G 轮融资后，一家公司还能继续成功融资的机会仅仅剩下17.4%。

仅仅在2017年，就有包括二手车交易平台 Beepi、移动应用搜索 Quixey、匿名社交应用 Yik Yak、智能硬件公司 Hello 、智能穿戴设备公司 Jawbone、榨汁机 Juicero 及智能耳塞公司 Doppler Lab 等先后倒闭，其中，Jawbone 创立时间将近10年，累计融资超过10亿美元，公司估值最高时达到了32亿美元。

即使是一家超级独角兽公司，依然无法抵御市场的凶残无情。

Aliph 成立于1998年，直到2002年，它才获得美国国防部的一项合同，并在这一年获得了150万美元的种子轮融资，从2007—2008年不到半年的时间里，这家公司获得了3 500万美元的融资，到了2010年，这家公司才推出了 Jawbone 标志并推出了首款产品。

仅仅在2011年一年内，Jawbone 就获得了1.59亿美元的融资，投资者包括马克・安德森（Marc Andreessen）的安德森・霍姆维茨（Andreessen Horowitz）、摩根资产管理、KPCB及俄罗斯投资人尤里・米尔纳（Yuri Milner）。到2012年时，Jawbone 的估值已经超过15亿美元。到了2013年，Jawbone 将时任 Yahoo 公司CEO的梅丽莎·梅耶尔（Marissa Mayer）及华纳音乐集团 COO 邀请进了董事会。

在2013年，Jawbone 风光无限。

公司创始人兼 CEO 侯赛因·拉赫曼（Hosain Rahman）不仅被《名利场》（*Vanity Fair*）评为当年的“新成就”（The New Establishment），还被《时代》（*Time*）选为该年度最有影响力的100人之一，而 Jawbone 在这一年也通过债权融资和股权融资的方式共获得了1.1亿美元以上的投资。

在2014年及2015年，Jawbone 先后获得了2.5亿美元和3亿美元债权融资的投资。然而，IDC 的调查显示，Jawbone 的 UP 在2015年第二季度的销量刚刚超过50万而已，在可穿戴设备市场上的份额仅仅只有2.8%，而其竞争对手 Fitbit 的销量却超过440万，市场占有率高达24.3%。

从无限风光最高处跌落下来，Jawbone 仅仅用了3年时间，到2016年9月，这家公司就走到了山穷水尽的地步，不仅账上没有资金，同时还拖欠着合作伙伴的钱款，最终到了2017年7月，这家公司便再也无以为继，最终只能清算资产收场。

成功的公司总是相似的，而失败的公司则各有各的不同。

调查指出，市场需求匮乏、现金流枯竭、团队问题是创业公司失败最主要的原因。

42%的失败创业实际上都没有拿出满足市场用户需求的产品服

务，市场经济最基本、最重要的规律就是供需平衡，没有满足创造用户需求的公司往往是无法持续和成功的。29%的创业公司最终因为资金断绝而不得不偃旗息鼓。在开拓新市场的过程中，持续大量成本投入是必不可少的，而小体量的创业企业往往很难在供应链上获得话语权，于是，资金链随时都有断裂的危险。23%的创业公司失败是因为团队，人事纠纷、创始人之间的观点策略分歧这些都直接影响着一家创业公司的初期成长。

除此之外，用户体验不佳、商业模式缺乏、市场营销不力、缺乏聚焦、转型失败等同样也在创业公司失败的大舞台上粉墨登场，一家创业公司就如同一架精密运作的机器，任何一个零件的失序都会使其发生故障甚至彻底报废。实际上，在每一个创业公司甚至每家企业身上，我们都能看到上述隐患的存在与作祟。

然而，失败的公司没能看到那些隐患，即使意识到了，它们中的绝大多数或者惮于变革的风险或者畏惧不确定性，最终继续选择视而不见或进行有限的修正。

而成功公司的相同点则是它们会发现问题并抓住关键，尽力去解决。

Alike Audience用银联卡和手机号做用户营销

2017年4月，一则高层变动的消息在广告界引发了关注，曾服务全球最大的广告传播集团 WPP 集团 27 年之久的 WPP集团大中华区

CEO 李倩玲宣布离职，而她的去向也不再是广告圈，而是专注于她的另一家公司——[illegible]曦投资管理集团（Withinlink）的工作。

从广告到投资，李倩玲打算用另一种方式继续她的营销事业，在碚曦投资的官方介绍中，这家成立于2015年的机构专注于营销科技领域新兴企业的孵化，在不到两年时间里，已完成了对超过10家公司的投资。

在李倩玲看来，国内营销领域的创投热度稍欠火候，大部分抱着投出独角兽目标的 VC 将目光集中在 To C（面向消费）领域，而对于营销科技类的创业公司来说，相比财务型的投资人，它们也更希望能在产品拓展、客户关系上获得帮助。

在2017年的戛纳创意节中，李倩玲带着碚曦所投的Gululu、筷子科技、兔展三家创业公司出现在了论坛演讲环节，让国内尖端的营销科技难得集中出现在国际舞台上。而由李倩玲担任创业顾问的另一家大数据公司 Alike Audience，也在2017年获得由阿里巴巴举办的创业大赛诸神之战中国香港赛区冠军。

创始于 2015 年的Alike Audience 定位为“数据管理平台（data management platform）”，一端对接的是品牌主的投放需求，一端以 AI 算法处理诸如手机号码、银联卡、信用卡等数据信息并得出消费者画像，最终帮助品牌主将广告投放到合适的目标人群中去，如图6–3所示。

作为Alike Audience 的联合创始人，郭启洋曾在中国香港地区德勤工作过四年，在一次黑客马拉松大赛上，郭启洋遇到了现在的合伙人林家健与林树荣，三人聊起当下大数据的种种应用场景，当时仍在加州伯克利大学就读行为经济学的林家健提出用“数据定义行为”的畅想，拥有技术背景的林树荣表示完全可以实现，这便促成了 Alike Audience 最初的诞生。

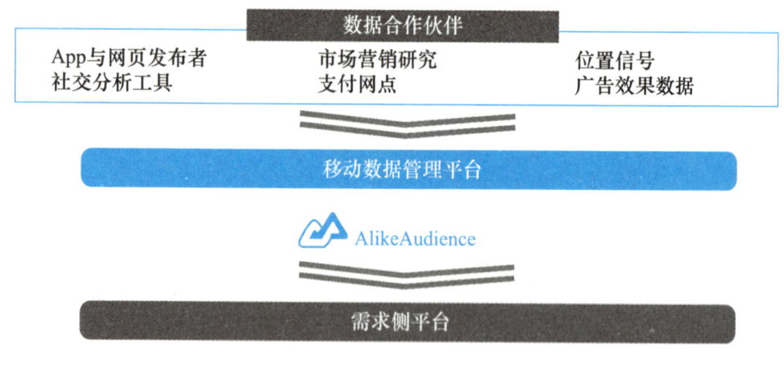

图6–3 Alike Audience数据管理平台的价值体现

程序化购买的大数据机遇

回溯 2015 年Alike Audience诞生时的营销行业，互联网广告市场规模在那一年跨进了2 000亿元大关，根据艾瑞报告数据，2015年的互联网广告市场增速超过45%，达2 184亿元。

移动互联网造就的碎片化媒体更是改变了原有的广告投放方式。我们熟知的户外大屏、楼宇电梯、门户头条式的品牌展示型广告，一般需要人为谈判、定价、投放，其中认可的是媒体的价值，欠缺的是浏览媒体后的用户反馈。

而到了互联网世界，程序化购买代替了人为操作的广告投放方式，且用户点击广告、浏览时长、是否会购买的动作变得可被记录，“人”的价值被激发出了新的潜力。

Alike Audience 做的就是定义“人”的工作。

在一次完整的程序化购买中，广告主会在 DSP（demand-side platform，需求方平台）中提出投放需求，媒体会在 SSP（sell-side platform，销售方平台）中展示自家平台，之后广告主会在DMP（data-management platform，数据管理平台）中选择想要投放的目标客户标签，最终双方在ADX（Ad exchange，广告交易平台）中进行广告交易。

这听起来有些复杂，事实上，你可以把 ADX 理解为股票交易所，广告主或者代理商只需选定投放价格、人群、时间等相应参数，便可在平台中实现自动化投放。但若想让选中的“股票”获得更大收益，就需要Alike Audience 这样的 DMP 平台选中更合适的投放人群。

“我们和金融机构及通信厂商合作，拿到加密后的用户消费卡号和手机号，以此定位出用户的性别、喜好、最近消费记录，最终生成广告厂商需要的用户标签。”Alike Audience 的联合创始人郭启洋告诉钛媒体。

以高端美容产品为例，Alike Audience 从银联、万事达卡官方获取加密后的用户消费信息后，可以标记出35～45岁、有一定消费水平的女性，再将这部分用户提供给美容产品厂商以进行后续的广告投放。

目前，Alike Audience 保持了10人左右的小团队规模，已经拥有超过2亿的用户标签数据，并在全球12个国家和地区开展业务，年营收近千万元，已获得来自英诺天使基金、慧科资本百万级的天使轮融资，并计划进一步扩展中国内地市场。

保证数据安全的“第三方平台”

从消费者的角度来看，一家创业公司利用银行卡与电话号码进行营销，自然会联想到至关重要的数据隐私安全问题，对此，郭启洋特别强调，Alike Audience 并不直接获取用户的电话号码和银行卡号，有的仅是一串“代码”。

“运营商给我们的是每台手机号对应的识别码，这串识别码没有任何意义，更不会透露用户的个人信息，我们只能基于识别码打标签。”郭启洋谈道。

也就是说，像Alike Audience 这样的数据管理平台，只能分析出某个代码呈现出的用户行为，而无法知道这个用户究竟是谁，而广告主关心的也是某个用户以前买过什么，有多强的购买力，有没有可能成为自家用户，而不是某个用户的姓名、电话号码和住址。

另一方面，诸如银联、万事达卡这样的数据拥有方虽然具备海量用户数据，却苦于无法找到合适的变现窗口，而 Alike Audience 这类公司的存在，也帮助上述机构在保护用户安全的前提下把数据活用起来，同时也能为合作方提供一定比例的分成。

值得注意的是，第三方公司的中立身份也在与金融机构、通信厂商的合作中发挥了优势。因为 Alike Audience 只做数据管理的工作，不会涉及后期的媒体投放，因此相比业务链条繁杂的 BAT 等大公司，机构更愿意将此类合作交由Alike Audience这类效率更高、业务单一的创业公司。

把消费场景的大数据做精

大数据对于营销的关键性不言而喻，作为Alike Audience 的创业顾问，李倩玲认为如何用数据去解决品牌方的具体痛点更为关键。

“大家都知道数据很重要，但如果你有办法将不同渠道的数据全部整合在一起，想办法解决‘数据孤岛’的问题，那么就解决了一个痛点，你的公司就会很值得投资。”李倩玲在接受采访时曾这样表示。

这样的定位决策也落实在了Alike Audience 的发展规划中，众所周知，营销大数据在国内的应用趋势已呈红海，如果在百家争鸣中分一杯羹，就需要将自身业务发展出更接近行业属性的特色。

在之后的规划中，郭启洋希望瞄准“母婴”和“汽车”等几个特定市场，以标杆客户的声量在行业进一步扩大知名度。

在与惠氏奶粉的合作中，Alike Audience 通过定位手机号与信用卡记录，将过去90天频繁光顾妇幼医院、消费母婴产品、浏览母婴信息的用户圈定出来，交由惠氏奶粉瞄准以上用户进行广告投放，最终，有圈定用户的惠氏产品比“盲投”产品的购买转化率高了近10倍。

“和惠氏合作后，另一个国际奶粉品牌很快就找了过来。在合作中，我们会让对方清楚Alike Audience的定位——我们只做消费类数据的用户标签管理，是一家技术公司。”郭启洋告诉钛媒体。为了获得更有质量的消费数据，Alike Audience 还找到尼尔森等第三方调查机构进行数据交叉验证，以提升投放用户的精准性。

数澜科技，产业互联网金矿的数据挖掘机

相比一般创业公司，数澜科技有着更高的起点。

2016年6月，原阿里云数据创新工作室负责人甘云锋（花名：风剑）宣布创立数澜科技，定位于企业服务领域的大数据公司，两个月后便签下万科百万订单；半年内又接连公布来自 IDG资本、洪泰基金、湖畔山南等机构的两轮融资；在阿里巴巴举办的创业大赛诸神之战中，数澜科技战胜数百家企业获得中国区冠军。

短时间内取得诸多成绩，风剑承认阿里巴巴的“光环”有一定原因——除了风剑以外，其他创始团队成员也大多来自阿里云，当中包括原阿里大数据平台产品和运营团队总负责人武凯、原阿里大数据平台总架构师江敏等人。目前，数澜科技共计100余人的团队

中，数据、算法科学家占总人数的70%。

“用了4年时间，我把阿里巴巴集团内部多个业务的数据打通，让阿里能用自己的数据服务自己。”风剑这样形容他在阿里的工作。

为了整合阿里集团各个业务的数据，风剑辗转过天猫、淘宝、聚划算等多个无线事业部，帮助阿里建立起 TCIF、ID–Mapping 等数据平台，开放给20多个领域的上百家外部客户。

阿里的工作经历让风剑逐渐形成了一套“数据资产化”的方法论。在风剑看来，企业数据如同一个金矿，但对于企业客户来说，单纯的金矿并不能发挥作用，而是要利用工具，先在金矿里挖出金锭，再把金锭加工成首饰，这才能让金矿产生价值。

数澜科技要做的事，就是成为挖掘企业数据金矿的“工具”，从而把企业原始数据（金矿）处理为数据资产（金锭），再进一步提炼成项目管理、营销洞察等 SaaS 类应用产品（首饰）。

风剑后期在阿里云针对外部客户的数据服务工作中，感知到企业对大数据行业存在着巨大的认知误解。

“很多客户把‘大数据’当作一个热点名词，但并不知道怎么使用数据；有的企业还认为大数据服务和企业数据量有关，认为企业数据不多的话，没必要使用大数据服务。”风剑对钛媒体说道。

在风剑看来，能让“大数据”类产品最终产生价值的，既不是数据量的多少，也不是技术能力的高低，而是一种思维方式的转变：即企业应该让积累在服务器中的数据“活起来”，最终应用到指导业务的实践中。

如何把金矿变成首饰？

如风剑所言，大数据的价值需要依靠思维方式的转变来体现，当这种观点落实在产品上时，风剑认为，“单点式”的数据工具并不能解决企业问题，因此，数澜科技从公司创立伊始，就选定了“平台化”战略。

目前，数澜科技通过自主研发的大数据平台——数栖平台（DW.DaaS），将自身业务分为三步：首先，Data-Mapping 把企业内外部数据进行连接；其次，利用 Data-Profile 将数据连接后变成的资产打标签、组织；最后，应用部分由 Data-Service 体系来提供数据服务。

通俗点说，大多数据公司是“头痛医头，脚痛医脚”，但数澜科技要做的是先对企业数据全面体检，再综合得出解决方案。

以数澜科技的第一个大客户万科为例，根据风剑介绍，万科最先找到数澜，要求解决的是业主投诉与报修问题。

在传统的数据分析方法中，一般会先对万科业主的投诉内容进行文本收集、语义分析等标签化手段，找到投诉的问题交汇点，并以此提出解决问题的思路。

但在数澜科技的产品论中，他们把“投诉与报修”这一类目按照涉及对象拆分为五大主体，包括业主、物业公司、服务公司、物业承建商和生产商，并搭建成关系网络。当业主以电话或者书面形式投诉“我家马桶坏了”后，数澜可以通过文本解析关键词分析投诉内容，以工单的形式传输给万科，以及“马桶”相关的服务商，最终快速解决问题。

“如果只做单点式的数据统计，业主报修马桶后要先打电话给物业，物业再找马桶的服务商 A，A 再去找马桶生产厂家 B，整个过程会十分拖沓；我们通过工单关系网络形成基于物业服务的数据体系，可以直接找到问题根源。”风剑对钛媒体说道。

投资人“看不懂”的平台战略

在数澜科技诞生的阶段，风剑在市场与投资人的“教育”环节花了不少功夫。

“投资人一上来就问：你的产品能给客户解决什么问题？但我们会反过来想：我们真的了解客户痛点吗？”风剑说道。

这也正是企业服务领域对大数据产品提出的特殊要求。在大众消费市场，消费者需求会呈现趋同化，但在企业服务领域，每个企业客户的需求都因为内部组织、产品架构甚至管理者理念的不同，产生明显的差异化。

因此，在风剑看来，很多数据分析公司仅拿市场上搜集的数据划定几个标签，在企业内部放几个接口，就开始臆测企业需求，这类工具型产品虽然上手快、价格便宜，但并不能真正解决企业问题。

这也成为数澜科技坚定“平台战略”的原因，相比市场上流行的 SaaS 工具模式，数澜在创建初期就对底层数据进行了整理，将中层 AI、Mapping、画像引擎，上层 SaaS 通用型产品，统一装进以数栖平台（DW.DaaS）为中心的数据服务生态体系。

的确，相比 SaaS 模式的“轻”，数澜科技的平台不论是在部署阶段打通数据的工作量，还是后期划定各种维度全盘分析数据，都显得有些“重”，但风剑认为，这种“重”才是壁垒，特别是在服务大客户的过程中，只要完成了前期数据处理的基础工作，之后对横向业务的分析和延伸会变得更加容易。

再以前文的万科“投诉与报修”为例，数澜科技通过对业主、物业公司、服务公司等五大主体的数据进行整合后，既能解决业主投诉报修的问题，之后对涉及这些主体的，包括服务商满意度调查、物业管理维护等其他命题，同样可以使用一套数据体系完成，这就大大提升了软件部署的效率与成本。

“我们用平台打通企业所有数据，再根据场景反向对企业输出服务，这对客户来说价值更大。”风剑对钛媒体说道。

“小”企业如何服务“大”客户

对于企业服务领域的创业公司来说，“获取大客户”有着极其重要的意义：一方面，大客户有着更强的付费意愿与能力；另一方面，能被大客户签单，意味着公司产品在市场上得到了初步认可，这对持续获客更能产生积极影响。

“如果创业公司能在早期获得客单价千万级别的大客户，基本意味着这家公司能走到 B 轮了。”一位企业服务领域的资深投资人这样告诉钛媒体。

如此看来，从创业初始就确立了大中客户服务方向的数澜科技是“幸运”的。风剑也对钛媒体坦诚，除了阿里巴巴背景带来的团队能力背书以外，数澜科技之所以能在创业伊始签下万科，一定程度上也是因为当时正是万科试图利用大数据思维改造企业内部问题的阶段，而万科团队也清楚，其作为数澜科技的第一个项目，势必会得到风剑团队倾尽全力的服务。

根据数澜科技团队介绍，2017年数澜订单总金额已达数千万，相比2016年，已实现超过20倍的增长速度，其中多家客户已与数澜签订了二期、三期合同，如万科、一呼百应等。

而在服务好万科、一呼百应等企业后，数澜目前将客户主要集中在地产、新零售、政企行业，例如在地产领域与建发地产进行了签约，在政企领域与北京市经济和信息化委员会、三江航天、富民银行等签约，在新零售领域签下了海贝、方太等。

值得注意的是，出于对数据安全与隐私的要求，数澜科技目前对以上部分政府和大型企业采用软件私有化部署的方式，单次销售额一般在百万元至千万元量级，目前也占据了数澜科技营收的主要部分。

不过，对于服务大企业的软件公司来说，私有化部署意味着较长的部署周期与不菲的人力成本投入。如果一味通过“铺人头”来解决大客户问题，企业收入虽然上升了，人力成本也会居高不下，这就容易形成企业的利润瓶颈。

这也是数澜科技需要警惕的地方。为了解决以上问题，数澜科技必须不断加强产品能力，用系统效率的提升代替对人力的需求，从而缩短私有化的部署周期。

数澜科技产品合伙人武凯此前透露，目前数澜科技的客单价已经大幅下降，地产行业 SaaS 的初步定价已经由百万降到了30万～50万元，整个部署周期也在2个季度缩短了 20% ～30%。

随着数澜产品能力的提升与行业内数据处理经验的积累，风剑也希望更多客户选择 SaaS 化的租赁模式。

“太过早期追求 SaaS 化，公司会活不下来。但随着产品的通用性越来越强，我们会面向中型企业推出更多20万～30万元的轻量化 SaaS 产品，以争取更大规模的腰部客户。”风剑表示。根据风剑的计划，数澜科技来自 SaaS 业务的收入占比将于2019年达到 50%。

犀语科技：中国的FinTech探索者

花旗中国投资部经理、飞利浦中国投资总监、飞利浦照明CFO、欧普集团CFO，这是“60后”创业者金鑫的职业履历。2016年，48岁的金鑫选择结束自己横跨银行业、制造业、外企、民企的职业生涯，投身创业。

瞄准“AI+金融”赛道，金鑫将创业方向定位为金融领域的大数据技术和AI技术，和前同事一起创立犀语科技，金鑫本人则转型成为这家创业公司的CEO。

2017年，犀语科技依靠28人的技术和产品团队，耗费半年时间收集分析了证监会过去10年对所有招股说明书的审核记录，以自然语言技术及COrpuX+SynSem技术为核心技术，研发出为金融企业提供数据服务及决策辅助服务的主打产品。

目前，犀语旗下主要有“犀见”“犀察”“犀文”三大产品线。

犀见：主要针对海量金融信息，快速、高效、智能地解读、分析、推理、建模，从而判断市场事件对金融业务的影响，支持决策和风险控制。

犀察：主要依据预定的规则和要求，自动化审核工作底稿和文本，智能化查取并提示疏漏、错误、谬误及更正和修改建议。

犀文：主要通过大量语料开发、语义识别、语言理解，自动生成标准化的文档报告。

总体而言，犀语科技同样致力于用人工智能和大数据手段解决金融分析问题，为金融机构提供更具价值的数据分析、资讯文本和决策系统等产品，目标是提供更新一代的金融资讯服务，如图6–4所示。

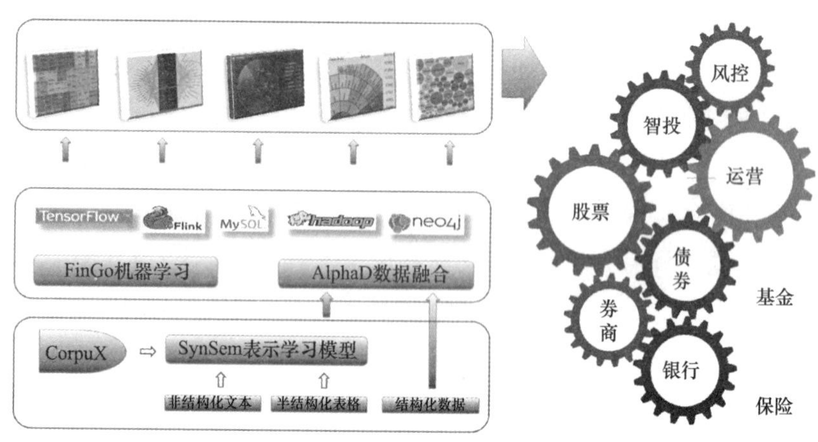

图6–4 犀语科技产品模式

为何瞄准了“AI+金融”？在金鑫看来，自然语言和大数据建模可应用在教育、法律等诸多领域，但这些领域都相对封闭，而金融领域已是开放的市场，并且金融公司大头的成本投入也放在数据分析和处理文本方面。而关于AI+金融创业的市场背景和机遇在前文的“华尔街‘叛徒’的中国门徒”部分已有详述。金鑫认为，这是一个万亿级的巨大市场。

尽管认同“AI+金融”已成为风口行业，但如何从风口落到实地，这位创业者却显得尤其冷静。在与钛媒体的对话中，“感觉不对”是金鑫多次提到的词汇。

到底为谁服务？

到底是做C端服务个人，还是做B端服务企业？在金鑫看来，这是“AI+金融”创业者首先需要明确的一个问题。

从逻辑上讲，以智能投顾为典型代表的智能金融创业浪潮天生带有“平权化”色彩——利用技术服务的低成本、易复制性代替高成本的真人服务，把原本只属于富豪的成熟投资组合方案带给有理财需求的普通人，所以，做C端市场似乎是理所当然。但目前来看，从C端转型B端的企业不在少数，而其背后最直接原因则是流量昂贵，获客难度大。

而服务B端虽然一定程度上解决了获客难题，但作为技术供应商的公司需要B端客户长时间事无巨细地尽职调查，对创业公司的技术、产品到团队实力都是不可小觑的考验。

Decesion or decesion support？

确定了“服务谁”的问题之后，金鑫认为究竟是做decesion（决策）还是decesion support（决策支持），是创业者需要第二考虑的问题。

事实上，decesion以及decesion support正是智能投顾以及智能投研的分野所在。

智能投顾是要根据客户的需求，帮助客户进行投资决策。而智能投研是以数据和分析为基础，帮助客户进行投资研究。

金鑫个人更看好后者，在他看来，智能投顾背后隐含的一个悖论是——如果你真正知道投资策略，还会去把这个赚钱的“方子”卖给别人吗？

问答式产品真的适合机构用户吗？

不论是号称“华尔街之狼”的Kensho，还是国内目前的数家同类型初创公司，谷歌搜索式的智能问答是目前普遍的产品形态。但问答式产品是否真的适合机构用户，在金鑫看来尚未看到明确答案。

“问答式可能很好玩，但是对机构来说，它或许真正需要的比问答深得多。”按照金鑫的创业经验，分析师们普遍会对这种模式感兴趣，但真正让机构付费购买并非易事。

如何找到真需求？

投资人和分析师们究竟需要什么，这是金鑫一直在探求的核心问题。

“在商业的逻辑中，掌握资金与技术并不意味着成功。”在金鑫看来，瞄准需求，找到场景，并能形成有效的产品是目前“AI+金融”创业浪潮里最关键的几步。而是否有客户付费购买则是评价这款产品的唯一标准。

金鑫并不认为犀语科技已经解决了这一难题，“我们正在尝试一款新产品，将在6个月内集中精力完成”。

“找准一点，充分探求用户的真正需求所在，这正是创新企业的美妙之处。”金鑫说道。

奇点云帮助实体店“变身”数据淘宝

随着线上线下一体化进程的加速，数据化运营已然成了每家零售企业的必备能力，不过对于大部分传统企业来说，自己打造一套智能零售系统并非易事。

于是，一部分传统企业选择与线上巨头牵手，接入其输出的一套零售解决方案，不过，也有一部分企业仍然希望能有一套自己的系统来保持数据的独立性，打造自己的商业闭环，而这正是奇点云这家公司看到的机会。

成立于2016年12月的奇点云，是一家互联网数据智能技术服务公司，专注大数据和人工智能技术并将其应用于商业领域，通过两云一端（业务中台、数据中台、智能门店）的架构为客户提供“数据+工具+大脑”三者结合的服务和产品，帮助传统企业进行数字化转型。

奇点云在做的事，拿奇点云创始人张金银的话来说就是“让实体商家拥有淘宝一样的数字化运营能力”。

从To G到To B

在阿里有着12年工作经历的张金银是一个技术“老炮”，他曾历任阿里云大数据事业部总监，阿里集团第一任数据安全小组组长。他也是阿里巴巴集团第一个数据仓库建立者，阿里巴巴集团消费者信息库（TCIF）创立者，阿里云大数据平台数加创始人，阿里云ACM第一人，拥有大数据和人工智能领域近20项专利。

而他所带领的奇点云团队背景同样强大，核心骨干分别来自阿里巴巴、蚂蚁金服、IBM、华为等公司。

2017年3月，奇点云获得了湖畔山南资本和前阿里巴巴CEO陆兆禧个人合计1 600万元首轮投资，也是迄今为止陆兆禧投资的唯一一家数据智能服务初创公司，而陆兆禧看中的就是这个团队，据说，陆兆禧在了解创始团队后只用了半个小时就决定了投资。

大数据从2011年发展至今，在商业化落地方面，应用场景的选择和对目标市场的判断一直是关键的两点。云端小镇和新零售是奇点云在创业之初就看中的两个方向，而目标方向的选择则来自团队对市场的预判和对自身擅长的考量。

自特色小镇发展培育的政策出台以来，全国各地的特色小镇就如雨后春笋般建设起来，《中国特色小镇2017发展报告》显示，目前各省提出的特色小镇创建计划，加之403个全国两批特色小镇试点，全国至少有2 000多个省级及以上特色小镇。

在张金银看来，这个数字还将在短期内快速增加，他认为，未来3年全国将产生超过4 000个特色小镇，从中也将孵化出大量的创业公司。一方面，政府有提高园区治理效率的需求；另一方面，也可以通过园区接触到更多的企业客户。

“中国政府是一个很愿意给企业机会，也愿意在新技术、新方向上去尝鲜的政府，所以也越来越有意愿为新的技术去买单，所以我们就有了云端小镇这条线。”张金银说道。

目前在政府端，奇点云在做的主要是通过大数据和人工智能去辅助整个小镇的管理，拿奇点云最近在杭州的未来科技城项目来说，这个科技城包含了27个园区几千家企业，所以对于管委会的管埋来说难度很大。

而奇点云为管委会提供了一套管理系统，通过对税务、工商等公开的数据的抓取，可以让管委会一目了然地看到企业的经营状况，同时可以直接在系统中看到企业的流动情况，不再需要人工进行录入。

让实体商家拥有淘宝一样的数字化运营能力

在云端小镇之外，新零售也是奇点云看好的一大方向，而这一方向的选择，也与团队的基因有很大关系。在阿里与零售打了12年交道的张金银认为，线上线下融合的时代已经到来，而通过用机器替代人工、用数据帮助人去做更好的决策，将对整个零售效率的提升带来很大助力。

基于这样的思考，奇点云依托人工智能、大数据、云计算三大技术，通过智能门店IoT（物联网）、企业级互联网架构、数据智能、人脸识别、物品识别、动作识别等前沿科技，向实体零售商输出三种能力：智能零售技术方案、大数据技术服务和无人零售解决方案。

过去，实体零售相比线上零售，最大的痛点就是消费数据的缺失：每一家门店都像是散布在各处的“黑盒子”，走进门店的消费者是谁、不同的消费者喜欢怎样的商品，门店都无从得知。

而奇点云提供的智能零售和大数据技术方案，就是想帮助门店实现对线下数据的采集和量化，从而让实体商家拥有淘宝一样的数字化运营能力。

拿奇点魔镜这款线下导流产品来说，通过深度学习算法和人脸识别技术，智能设备从顾客进店的那一刻开始，就开始记录每一位顾客的动向轨迹和个人喜好。

通过云AP（无线接入点）和摄像头，系统可以获取到顾客的设备信息和在门店的行为轨迹，从而可以得到实时的客流数据。密度热力、人群动线、货架检测等技术可以帮助门店识别消费者在店铺内的行为，从而为门店的选品、商品陈列提供参考。

同时，基于顾客基础信息（性别、年龄、服饰风格等）识别、行为、订单及支付信息生成的用户画像，能帮助商家第一时间知晓顾客的消费动态，洞察顾客的消费需求，进行精准的全域营销推送。

在张金银看来，线下对于用户数据的抓取要比线上更加有优势，在大数据的冷启动方面也相对更加容易，因为在线下可以通过视觉识别“看到”消费者，而不只是停留在一些相对模糊的数据信息。

比如对于首次进店、没有历史数据的消费者，系统可以通过人脸识别和图像识别等技术，定位人脸关键点，准确识别消费者的性别、年龄、种族、表情、饰品等10多种人脸属性大类，以此来推测用户的需求。

此外，值得一提的还有Face ID技术，奇点云的智能技术目前已经实现用户的脸就是会员ID，摄像头在捕捉到顾客后，会针对每位顾客生成一个Face ID，Face ID、手机号、会员号、在线支付之间是彼此打通的，扫脸即可完成支付和消费数据的上传。

这一项技术也被应用到了奇点云的无人零售解决方案中，2017年年底，无人货架企业领蛙发布了一款办公室智能货架，这款货架就是由奇点云研发的，Face ID的引入可以大大降低损耗率这个无人货架最大的痛点。

消费者刷脸进入货架区后，智能货架系统会自动进行商品识别并追踪商品轨迹。当消费者拿走零食离开时，系统会自动扣款，而且Face ID也会成为支付凭证，这可以减少一些用户忘付、漏付等情况，从而控制商品货损。

2018年3月，奇点云还与美菱发布了由双方共同研发的“奇点魔柜”冰柜版，这是一款可以实现刷脸开门、即拿即走的智能冰柜。值得一提的是，这款可容纳200件商品的冰柜，售价不到自动贩售机的50%，这使得规模化铺设成为可能，从而也将帮助无人货架业态拓展更多的品类和场景。

除了无人货架，奇点云也在做一些无人店的落地。据张金银透露，奇点云目前已经在帮助一些地产商、零售商做无人店的搭建，最近的一个项目就是与碧桂园的合作，碧桂园2017年规划在全国布局300～500家无人店，目前部分无人店已经对外营业。

在张金银看来，无感知、强体验、去手机化将成为未来无人零售的几个发展方向，而目前市面上一些没有防盗设置的无人货架将是不可持续的。

“现阶段无人货架考虑的首先是市场的问题，而不是货损的问题，所以要把市场放在货损的前面。当这个市场只有第一名，其他的都退出了，那时候就可以去考虑货损的问题，而通过AI技术去解决货损问题将会成为未来的方向。”张金银说道。

张金银认为，不管是无人货架还是无人便利店，本质上都是一样的，区别只是在于场景，无人便利店主要面对的是社区，无人货架面对的主要是相对封闭的办公室，不同的场景需要不同的无人零售解决方案。

图6–5所示为奇点云整体解决方案。

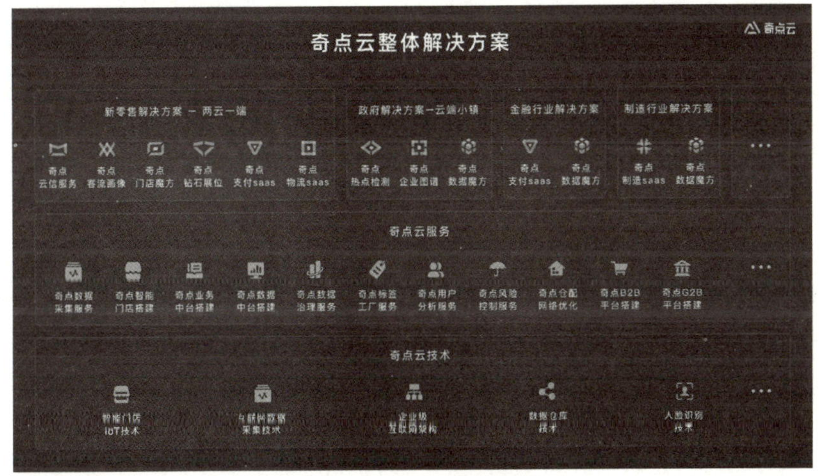

图6–5 奇点云整体解决方案

学吧课堂让虚拟教师因材施教

在投入互联网教育创业潮之前，李行武决定先在线下学校教书探探路。

他拿出了当年北京高考数学卷练手，虽然这时已经离开了高中10余年，他还是很轻松地拿下了140多分。

这让他感觉还不错，于是他迫不及待走上三尺讲台，拿起教鞭，为台下的中学生讲授了一堂精心准备的数学课。当课堂接近尾声时，他还信心满满地收集学生们的反馈。

但学生们一脸疑惑的表情，并且问道“老师，你刚刚讲的是什么？”的场景，让李行武感到错愕不已。

“学生的反应是很简单却直指核心——他们听不懂，就证明你这节课是失败的。”多年之后，学吧课堂的创始人李行武向作者回忆道。

这也让一直在传统教育体制下学习游刃有余的李行武第一次意识到，教育并不是看上去那么简单，自己会学习并不代表自己能教好课。

这也是目前大部分K12在线“一对一”教育培训机构面临的一个问题：所有的机构都对外声称师资来自985高校的学生，但大部分兼职的学生教师，哪怕是顶级学校的专业生，也不一定懂得大部分学生的状况，以及他们真正需要的是什么。

虚拟机器人教师探路

不过，技术出身的李行武知道自己的兴趣和优势。毕业于清华大学计算机科学与技术专业本硕的他，开始研究智能虚拟机器人教师产品，并获得了联想之星的天使轮融资。

在一次次与学生的互动中，虚拟教师产品的雏形逐渐形成。当时初版的虚拟教师，简单理解起来是“短视频+练习”：每节课由十几段几十秒的视频切片组成，中间穿插测试和练习。系统通过与学生的互动，获得学生学习数据，并且给予个性化的反馈。

经过一年的努力，学吧课堂高二数学的课程搭建完成，2014年5月，学吧正式推出虚拟智能机器人，当年10月，他们决心将机器人教师落地现实学习场景，虚拟智能机器人教师产品在北京多所中学进行试点。

从虚拟教师到真人一对一，怎样才能让每个人有一个最合适的教师？

很快，参与试点的班级学生的数学成绩从年级的中游上升至年级第一。但问题也接踵而至，要将中学课程的知识点做颗粒度的细分，视频录制量大，必然导致成本过高，而以线下学校试点的方式采集数据量也不够。这样的策略并不适合初创公司，李行武不得不停下这项计划。

李行武和他的团队基本上都是互联网出身，从未涉足教育领域。虽说对于教育行业抱有极大的热忱，也有初入行业的初生牛犊不怕虎的勇气，但此前一年线下教学的经验积累最多是对教学本身的理解，而对培训行业的认知，以及对教育资源的把控，李行武发现团队还有太多短板。

与此同时，随着公司进一步扩张，李行武也意识到了自己公司管理上的短板。于是2015年5月，他当机立断，引入原巨人教育副总裁齐明鑫，让其担任公司CEO，自己则出任公司CTO，将精力放在自己更擅长和感兴趣的技术和教研业务上。

游戏化题库采集有效数据

2015年8月，学吧课堂获得了晨兴资本的1 000万元Pre A轮融资。经过半年多的打磨，李行武推出全新的产品学吧课堂。新版的学吧课堂基于练习的场景，以做题来获取学生学习数据。

不过，值得注意的是，除去热衷刷题的学霸们，对于大部分需要辅导的学生而言，做题是比较枯燥的。团队发现，如果采取游戏化的思路打磨产品，会吸引他们的注意，达到调动他们学习积极性的目的。

学吧课堂采取游戏化的题库切入学生练习，学生完成做题任务之后，会获得直接的金币奖励。

他们认为，一方面，游戏可以缩短现实世界中的差距，因此，学吧的产品中，不同层次的学生可以通过自适应题目训练得到相同的分数；另一方面，游戏可以快速反馈学习成果，而线下的考核（如月考、期中考）的检验周期更长，一次失败对学生的打击较大。

结果有超过280万学生使用学吧课堂做练习，公司从而积累了海量的学习数据。通过学习数据，学吧课堂可以做出准确的学情分析，为每一位学生匹配个性化的学习内容，让学生从此爱上练习。

李行武告诉钛媒体，相对于市面上目前的用户量规模大的做题产品，学吧的数据是最有效的，主要体现在数据的密度和质量上。当时，累计学生学习数据已经超过2亿题次。

教学导航辅助人工教师

2016年6月，学吧课堂获得了创新工场、联想之星、晨兴资本的2 000万元A轮投资。然而，单独的习题练习并不能形成良好的商业模式，这只是路径中的一环。而在教育行业，“教学”能够形成一个闭环。

目前培训机构主要分为班课和一对一模式。李行武认为，在线教学这件事，从一对一起步是靠谱的逻辑，而此前学生习题累积的数据，为现在真人一对一教学导航系统奠定了基础。

这套自主研发基于大数据和人工智能的教学导航系统，是李行武认为的学吧所拥有的技术和行业壁垒。系统可以为学生进行全面的学情分析，基于其实际能力定制专属课件，辅助教师教学。

以学习数据为基础，学吧课堂通过“教学导航系统”辅助教师授课，后台7亿条数据支持老师定制课件。这种全新的人机结合的教学方式极大地提高了教师的授课效率，降低了一对一的教学成本，可以让更多的学生享受到价格低廉、内容优质的个性化一对一辅导服务。

学吧对于教师质量的把控十分严格，教师必须是名校出身，必须经过三轮面试筛选和专业培训才能上岗。通过目标定制、方案定制、名师定制和服务定制，学吧为每一个学生提供一套专门的学习计划。

在学吧课堂，教师除了授课之外，还要对学生进行全面的心理辅导和学习管理，课前评测、课后跟踪，每次课程短信反馈，每月进行电话回访，团队力求将用户体验做到极致。

学吧课堂注重建立在线学习的新场景，“学情汇报”“家长点赞”“家长打赏”等功能可以有效地将家长引入到孩子的学习中来，让家长可以在见证孩子进步的过程中，给予孩子更多有效的支持。

值得一提的是，不同于目前其他K12在线一对一教育公司的争相布局一、二线城市，李行武将战略和目标客户定位于三、四线城市。因为在李行武看来，一线城市的在线一对一辅导竞争已经相对白热化，是典型的存量市场，而在优质教育资源缺乏的三、四线城市的需求却得不到满足，在这个增量市场上，学吧有更广阔的空间，而较低的客单价定位，会使得当地更多家庭能负担得起。

第7章

公司时代

从建国到第一次世界大战，远离欧洲大陆的美国在短短一百多年的时间里取得了惊人的成就，成为世界上创新意识最强烈、机制最成熟和市场应用最成功的国家。第二次世界大战后，美国的经济、技术优势随着其军事、政治势力得到了进一步巩固。尽管美国的影响力正受到越来越大的挑战，传统经济体系的活力逐渐枯竭，现有的生产力手段无法彻底解决资本主义内在的固有矛盾，但是，互联网和新的技术、商业模式的革命又开始让美国焕发出新的生机。

直到今天，美国依然是世界上创新机制最成熟、完善的地方，也有很多值得我们关注和研究的案例。

历史上的美国与英国明星公司

1876年，贝尔（Alexander Graham Bell）发明了电话。1877年6月30日，全美的电话用户只有230人，到了当年8月底，这一数字已经增长到了1 300人。电话面世后，宾馆就成了这项发明最早的采用者，以此来削减雇佣人工发报员的成本。到了1909年，纽约最大的100家宾馆安装了共21 000部电话。到了1894年，之前积累的大量商业应用极大地降低了这项服务的成本，于是非商用电话业务开始蓬勃发展起来，到1902年，全美电话用户已经超过231.5万户。图7–1所示为消费品科技在美国的用户渗透率变化，从图中可以看到电话的渗透率（曲线1）。

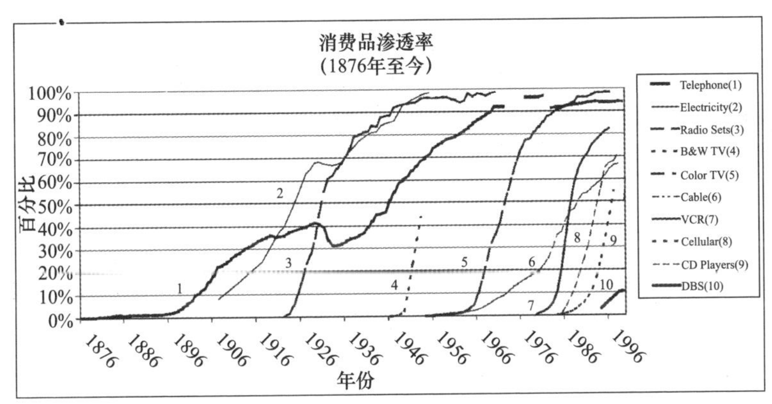

图7–1 消费品科技在美国的用户渗透率变化

来源："houscholds"（1876—1900）、"homes with electricity"（1908-11，1913-16，1918-20）

1895年，无线电报发明了。到了20世纪20年代，底特律警方开始在警车上安装移动电波电话，在1946年，圣路易斯成了全美25座计划布局的城市中第一个布置无线电话服务的，一年之后，贝尔就开始划分蜂窝区块，但是直到1973年，第一台手持蜂窝电话才问世，到了1981年，整个纽约也只有24个用户能够同时使用他们的移动电话，只有700个用户拥有活跃联系人。

1983年，全美移动电话用户只有1 000人，次年这一数字增长了100倍，而到1994年时，美国的移动电话用户数已经超过2 400万。

国会在1993年修改了20世纪30年代制定的通信法案，统一为商业无线电波服务（commercial mobile radio services，CMRS）类型，这极大地促进了电信提供商的竞争，截至2004年，全美的无线电话服务用户数达到了1.84亿。

19世纪80年代，唱片和唱片机出现。20世纪60年代，磁带的出现沉重地打击了唱片产业，到了1983年，CD 问世，在这一年，黑胶单曲唱片的销量为1.25亿张，LP 及 EP 的销量为2.1亿张，磁带销量为2.37亿盒，CD 则只有100万张。到了2003年，上述4种介质的录音制品的销售数字分别改写为380万张、150万张、1720万张及7.45亿张，如图7–2所示。

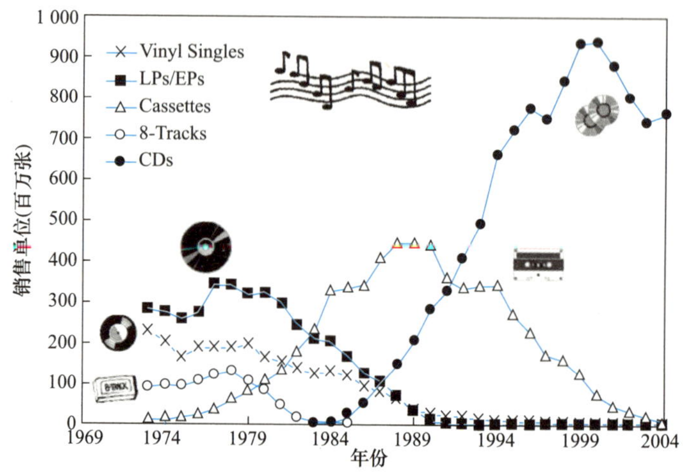

图7–2　音乐唱片出货量变化

来源：*Communication Technology Update, 10/e*

在20世纪初，收音机和电台走进了美国人的日常生活。到了1930年，收音机在美国家庭中的比重已经达到了40%，并在接下来的10年间翻了一倍，到1947年，收音机的占有率超过九成。

在1939年的世界博览会上，第一台电视正式亮相。到1950年，全美电视用户只有不到4 000户，在人口中的比重仅有9%，仅仅过了10年，电视机在人口中的占有率就达到了87%，从1980年开始这一比例就一直保持在了98%左右。1993—2003年，全美商业及非商业电视台的数量增长了13.7%，达到了1 733家。

20世纪40年代末，有线电视浮出水面。1981年，有线电视在人口中的占有率不到25%，但到了20世纪80年代末，这一比重已经超过了50%，1994—2004年，接入有线电视网络的美国家庭从不到9 200万户增加到了1.08亿户以上。到2004年年末时，全美采用 VOD 服务（视频点播）的家庭已经超过了1 950万户，而接入有线网络的家庭中有93%使用着高速网络服务。

20世纪70年代末，录像机面世。到2004年时，大约有1亿美国家庭拥有录像机，同时有8 000万家庭拥有 DVD 播放器，用户花在录像带及 DVD 租赁上的费用达到了惊人的245亿美元，而同年的全美电影票房还只有94亿美元。

1971年，英特尔推出了第一款微处理器，1975年，MITS 推出了搭载8080处理器的 Altair 8800，这是历史上的第一款桌面电脑，其售价高达498美元。1977年，售价1 298美元的 Apple II 将个人电脑推向了市场。到1978年时，全美共出售了21.2万台个人电脑。

到了20世纪80年代，电脑变得小型化，文字处理开始流行起来，家用电脑开始火热起来，到了90年代，随着互联网兴起，商用和家用电脑市场开始高速增长。1991—1995年，每年全球电脑出货量以20%的速度增加。

到了1997年，全美年收入超过50 000美元的家庭大多数都有了一台个人电脑，到了90年代末期，电脑价格从之前的2 000美元降低至1 000美元以下，超过60%的美国家庭都拥有了个人电脑，到1998年时，逾42%的美国家庭拥有两台以上个人电脑。进入21世纪之后，随着电脑价格的进一步下降，电脑占有率在2008年增长到了77%。

在20世纪60年代的美国，互联网随着国防部下的 ARPANET、ARPA 等项目开始慢慢发展起来。互联网的早期用户大多数是大学生和实验室研究人员，互联网的主要用处是收发电子邮件和在留言板上聊天，直到1982年国家科学基金会建立起了一个全国主干网，互联网才真正飞速发展起来。到了90年代初期，军方的身影逐渐从互联网的发展中消退下去，个人用户开始崛起，此时，全美大约拥有15万个区域互联网网络和9 500万台电脑服务器。

2008年，超过63%的美国家庭接入了高速宽带网络，到2013年6月，全美的固定宽带用户数超过9 100万，超过2.99亿美国人使用着无线宽带。

2000年，美国国家工程学院评选出了他们眼中20世纪最重要的

20项工程成果，在这份榜单上，电气化、汽车、飞机、自来水供应、电力、收音机和电视、农业机械化、电脑、电话、空调和冰箱名列前10，之后，还有高速公路、太空飞船、互联网、成像技术、家用电器、健康科技、石油化工、激光光纤、核技术、高性能材料。

可以看出，假设以早期大多数采用者的34%比例为标准，我们认为当一项技术创新在市场中的比重达到此时，即意味着它已经成为主流的产品服务。那么，我们来观察一些产品在美国的扩散速度。

电力出现于1873年，到了1920年，其使用率达到33.5%，用时约47年。

从1880年第一辆四轮燃油动力汽车问世到1922年市场占有率达到34%，汽车用时约42年。

从1876年到1918年，电话用了42年。

从1963年到1984年，录像机用了21年。

从1973年到1999年，互联网用了26年。

从1975年到1998年（42%），电脑用了23年。

从1989年 GRiDPad 问世到2013年，平板电脑用了33年。

从1996年到2011年，智能手机用了15年。

从2005年到2009年，社交网络用了4年。

最后，我们会发现，技术扩散和采用的速度在总体趋势上是不断加快的。我们注意到，以互联网的诞生为分界线，此前的创新和产品扩散采用曲线还较为平缓，而之后的曲线则近乎直上直下。

技术和创新的趋势深深地影响着公司的发展。

1956年，《财富》（*Fortune*）第一次刊出了 Fortune 500榜单，根据营收、规模等标准选出了1955年全美最大的500家公司，其后半个多世纪的时间里，这份名单逐渐成了衡量美国企业发展的重要参考。

Fortune 500 最早评选只涵盖制造业、煤炭开采及能源行业，第一次评选时，通用汽车公司以98亿美元营收遥遥领先排在了第一名，排在最后一名的公司收入不到5 000万美元，考虑通货膨胀因素之后，这500家公司在这一年的营收总额超过了1.2万亿美元。

当年的前10大公司为通用汽车、新泽西标准石油公司（Standard Oil Company of New Jersey，1972年重组为埃克森）、美国钢铁公司、通用电气、Esmark（1980年被 Beatrice 食品公司收购）、克莱斯勒（2007年被戴姆勒奔驰收购）、Armour（1970年被灰狗巴士收购）、海湾石油（1984年与雪佛龙合并）、美孚石油（1966年易名为Mobil，1999年与埃克森合并）、杜邦。

IBM 成立于1911年，在1955年的榜单上排到了61位，仅仅10年之后，它就挤进了前10位，而到1982年时，IBM 公司以领先埃克森20多亿美元的优势成为利润最高的公司，而除了这两家公司外，甚至没有一家公司的利润超过20亿美元。在其后将近10年的时间里，IBM 的利润一直保持在 Fortune 500榜单前两位，但是到了1991年，尽管其营收规模还排在第4，但是出现了超过28亿美元的亏损，接下去的两年，IBM 的赤字达到了创纪录的49.65亿和81亿美元。

20世纪80年代，IBM 最先掀起了个人电脑的风暴（图7–3所示为IBM的个人电脑），然而，这块丰美土地下蕴藏的宝藏却被两家年轻的公司攫取了。

图7–3　IBM 的个人电脑

来源：Vintage CPU

1968年，英特尔成立，3年后，它推出了第一款商业化微处理器，但是直到20世纪80年代初期，这家公司的核心业务还是 DRAM 芯片，与此同时，来自日本半导体厂商的强大竞争压力不断压缩着英特尔的利润空间。1982年，英特尔开发出了80286微处理器，两年后，IBM 在自己的 IBM PC/AT 上采用了这款处理器。其后，康柏在1984年推出了较 IBM 更快的采用8MHz 8086的个人电脑，在1986年先于 IBM 7个月上市了装有80386处理器的 Compaq Deskpro 386。结果，在 IBM 和其竞争者轰轰烈烈地抢占个人电脑的战争中，英特尔左右逢源渔利丰厚，成为市场上最大的处理器供应商。

1975年，微软成立，5年之后，这家公司通过 Xenix 涉足操作系统市场，就在这年，IBM 和这家公司达成合作，给了微软来为随后的 IBM PC 开发操作系统的机会，这就是 MS-DOS，到了1981年 IBM PC 上市后，微软竟然依然保留着这个已经被蓝色巨人称之为 PC DOS 的操作系统的所有权。

IBM 为其他竞争对手的兼容机设置了硬件上的版权障碍，但是，在操作系统上却抱着门户开放的态度，MS-DOS 的软件兼容优势最终帮助微软成为市场上定于一尊的操作系统开发商。

到了1987年，IBM 恍然大悟过来，匆匆忙忙推出了 PS/2产品线，试图通过高性能的微通道架构（Micro Channel Architecture，MCA）来抢回个人电脑市场的话语权，然而，事与愿违的是，由于 MCA 并不支持 ISA 总线，这意味着数以百万计 IBM 电脑甚至可能不兼容 IBM 自己的架构。其他的电脑硬件厂商纷纷颔颀，最终迫使 IBM 不得不推出新的 PS/ValuePoint 来结束这场已经胜利无望的架构之争。

与此同时，微软的 Windows 系统越来越流行，IBM 试图通过两家公司共同开发的 OS/2在操作系统市场扳回一局，但是，随着 Windows 3.1的推出，微软和 IBM 最终在1992年分道扬镳。

微软和英特尔最终合流，构筑起所谓 Wintel 的神圣同盟，建立起对个人电脑软件和硬件市场行业10多年的绝对统治。

在郭士纳（Louis V. Gerstner）入主革新 IBM 之前，使其扶摇直上的个人电脑事业最终葬送了这家公司的远大前程，这个它亲手开辟的庞大市场恰恰成了它最讽刺、最具黑色幽默的墓志铭。

1991年，英特尔展开了声势浩大的宣传活动，自此之后，Intel Inside成了商业史上最响亮的口号之一，第二年，英特尔首次闯进了前一百。微软直到1994年才进入 Fortune 500，当时只排在第250位，5年之后，它就闯入了前一百，排在84位，其利润则排在第6位。

到1994年时，Fortune 500的总营收达到4.2万亿美元，其中有193家公司的历史在100年以上，它们的销售额在500家公司总收入中的比重达到了42%。榜单中有247家公司是在19世纪80年代到20世纪20年代建立的，让我们把视角放到历史的大背景中去进行观察。

到18世纪中叶，大不列颠已经建立起了一个横跨世界的强大帝国，它的海外贸易和势力范围从大西洋一直延伸到太平洋，商业上的繁荣昌盛成了技术最大的推动力。

以瓦特的改良蒸汽机横空出世为标志，声势浩大的工业革命无孔不入地深深变革了英国的技术、经济贸易发展面貌，生产力得到了前所未有的提升，手工制作开始大规模转变成为机器生产，化工冶炼产业突飞猛进，工厂生产管理体系取代作坊，这场工业革命从18世纪80年代兴起，大约持续到19世纪三四十年代才大功告成。

从1870年开始，第二场工业革命兴起，电话、公路网的出现和普及前所未有地促进了人口、资源及资本的传播，电力和生产线的大规模推广再次推动了生产力的大跃进，这场技术革命为全球化的蔓延奠定了基础，并一直持续到第一次世界大战前。图7-4所示为1750—1913年主要国家的工业化发展趋势。

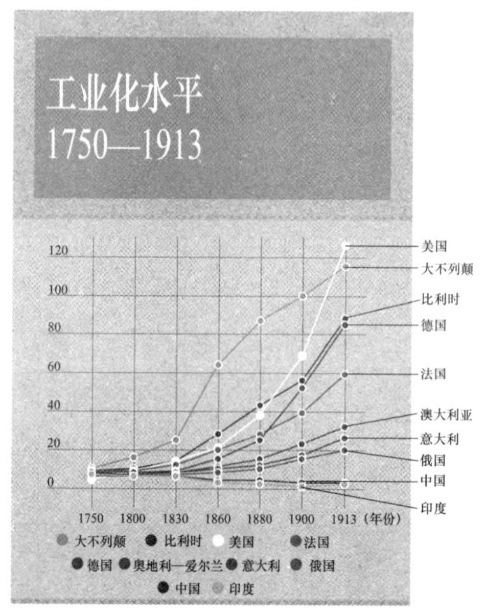

图7-4　1750—1913年主要国家的工业化发展趋势

来源：infogram

以英国在1900年的工业化水平为100来衡量的话，第一次工业革命使得英国和美国的工业化水平此后取得了狂飙突进式的发展。到1870年时，工业产值在英国 GDP 的比重达到了34%，英国在欧洲工业产值的比例超过三成，在全欧 GDP 中的比重超过1/4。

1760—1830年，英国劳动生产率（labor productivity）的年均增长只有0.2%，1800—1830年，这一数字增加到了0.5%，而在1830—1850年，年均增幅达到了1.1%，1850—1870年，劳动生产率每年增幅为1.2%，在1870—1910年的40年间，其年均增幅为0.9%。

可以看出，自1760年到1870年的100多年时间里，英国的生产力水平得到了翻天覆地的提高。技术和创新的应用在人类历史第一次向人们展现出了它的惊人威力。随着第一次世界大战的结束，美国开始后来居上，创新、技术的产生和应用中心也转移到了这块由“五月花”号发现的应许之地上，这种优势随着第一次世界大战的结束和第二次世界大战的胜利而得到更强有力的巩固，战争更是直接刺激了美国技术和创新的进步，使其获得了睥睨他人的遥遥领先优势。

第二次世界大战后，技术的发展方向从机械、模拟电子技术转移到了数字电子技术，微处理器、家用个人电脑、移动电话和万维网等产品服务如野火一般迅速在市场上燃烧起来，人类从此跨入了信息时代。传统技术和理念商业化的产物纷纷遭到淘汰，模拟计算机让位于数字计算机，唱片被 CD 取代，DVD 取代 VHS（家用录像系统），电报、打字机等沦为历史的遗物。

新的数字化技术催生了新的产品服务，同时也推动了新的高科技公司的诞生。

20世纪八九十年代，是商业史上最为繁星璀璨的年代之一，工业化时代的主角从时代的主舞台上渐渐退下，数字英雄鱼贯而出。图7-5所示为美国500强公司的演变，图7-6所示为500强公司的创立时间状况。

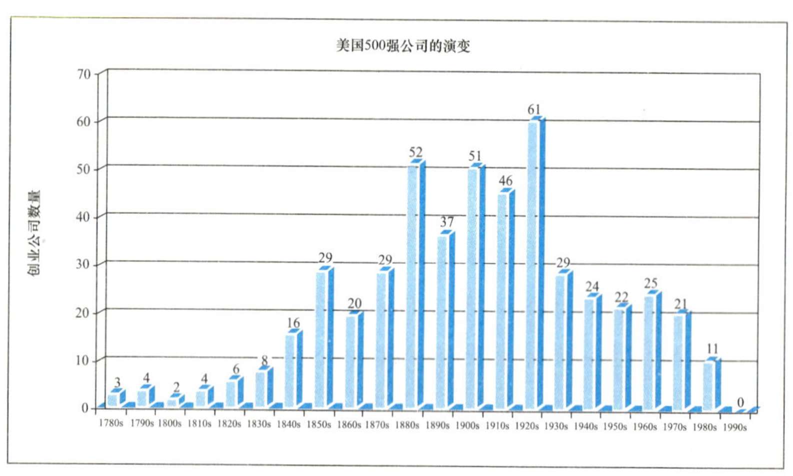

图7-5　美国500强公司的演变

来源：JSTOR

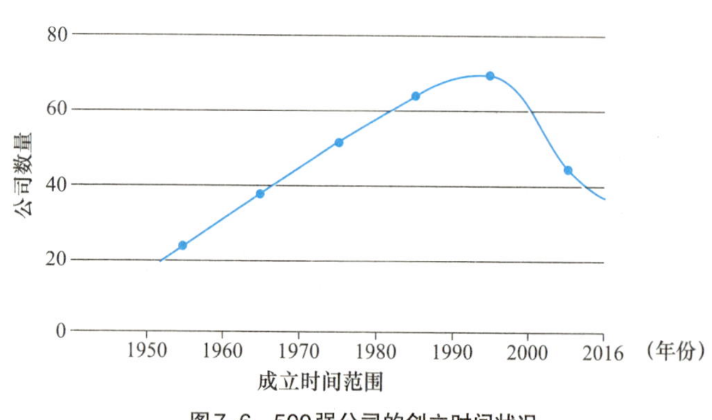

图7-6　500强公司的创立时间状况

来源：codelitt

在1994年的 Fortune 500榜单中，在第一次工业革命期间创立的企业有34家，在第二次工业革命中创立的公司则有215家，1950—1989年成立的企业则有79家。

以两次工业革命中的电力、电话及汽车等扩散采用平均消耗了43年时间来看的话，我们会发现，19世纪70年代到20世纪20年代之间的半个世纪恰好是两次工业革命中涌现出来的技术创新扩散应用大规模商业化重叠覆盖的时期，于是，Fortune 500公司集中诞生于此时。

但是，信息化时代的到来不仅极大地缩短了技术创新传播应用的时间，也直接影响了创业公司的成长。

苹果电脑公司成立于1976年，成立后仅仅7年就进入了 Fortune 500榜单，当年排名第411位，到1990年，也就是距离这家公司首次进入全美最大公司名单后仅仅7年后，苹果就杀进了前一百名。

高通公司成立于1985年，2003年进入 Fortune 500，排名489，2017年排名119。

英伟达成立于1993年，2017年第一次进入 Fortune 500，排名387。

eBay 成立于1995年，2006年进入榜单，排名458，在2017年排名310。

Netflix 成立于1997年，2015年成为 Fortune 500的一员，排在第

474位，2017年排名314。

Google 成立于1998年，2006年进入榜单，排名353，2017年排名27。

Facebook 成立于2004年，在2013年进入 Fortune 500，当年排名482，2017年排名98。

英特尔于1978年第一次闯入了 Fortune 500，排名仅486名，微软在1995年首次进入这份榜单，排名250位，Amazon 在2002年进入 Fortune 500，当时排名492。在2017年的 Fortune 500名单中，三家公司的排名分别为第47位、第28位和第12位。

可以看出，上述有代表性的技术、互联网公司凭借着数字革命的东风扶摇直上进入 Fortune 500，这10家公司从成立到成为全美最大500家公司平均用时不到14年。

到2015年，于1950—1980年成立的 Fortune 500公司达到112家，此后30多年中成立的公司则多达175家。在1994年的榜单中，在20世纪80年代以后成立的企业仅仅只有11家，也就是说，在互联网最如火如荼的时代，有160余家成立20多年的新公司闯进了 Fortune 500。

在1960—1969年，全美公司 IPO 数量为2 661宗，募得资金79.88亿美元，而在1970—1979年，IPO 仅仅募集了1 536次，募集到的资金总额为66.63亿美元，1980—1989年，IPO 共计进行了2 375起，共计募得资金603.8亿美元，1990—1999年，这一数字剧增到了4 205起，从股市上募得的资金高达2 966.9亿美元，而在接下来的15年时间里，全美公司 IPO 只有2 132宗，但是募得资金高达4 929.2亿美元。1980—2015年，美国发起 IPO 的科技公司共计2 995家，募得资金2 566亿美元，在同期 IPO 公司和募资中的比重分别为36.6%和30.1%，科技公司从创建到 IPO 的平均时间为7年，一般公司平均则需要8年。

可以这样说，从20世纪80年代开始，科技公司成了美国市场和公司商业活动中最重要的组成部分。

新的技术推动了创新的扩散采用，而这些创新的普及和商业化又进一步反过来刺激了公司的成长，更多的研究开发支出投入到经济体系之中。这股技术浪潮伴随着20世纪80年代以来经济稳定增长、消费水平不断提升的大环境，使得经济和商业出现了让人瞠目的飞跃。

历史的激流直接冲击着每一个创业公司和企业的命运。每当新的势力崛起，旧的体系总不免解体沦为齑粉，成为新时代的牺牲品和养分。

1912年的全球最大100家公司中，到1995年时，其中48家公司已经销声匿迹，仅仅还有19家依然位于全球百大公司行列，发展得比较大的公司数量有28家，经历过破产并逐渐萎缩的公司有29家。1925年纽约证券交易所里有501家公司，到2004年只剩下65家依然保持独立运行。

1974年，全美最大的100家公司的收入相当于这一年美国 GDP 的35.8%，前15家公司的比重高达惊人的17.3%，但是，这些公司有一半都在2000年跌出了前100名。1955—1993年，这一榜单上每年平均有29家公司消失，在1995—2011年，这一数字增加到了39家。图7-7给出了苹果公司在Fortune 500中经历的过山车曲线。

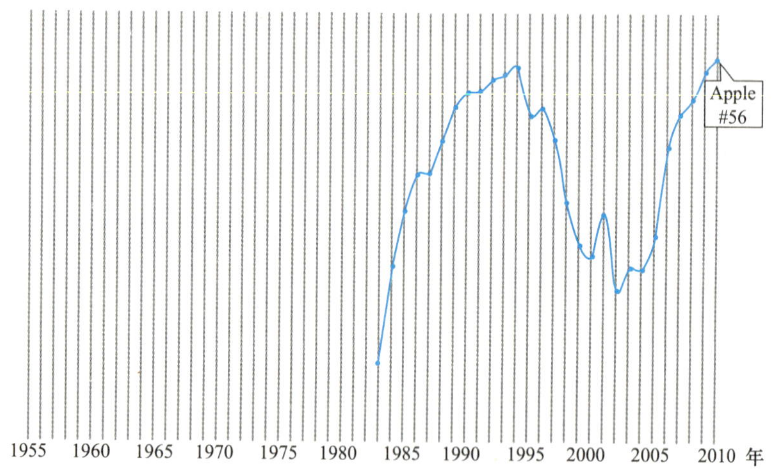

图7-7 苹果公司在 Fortune 500 中经历的过山车曲线

来源：fathom

在20世纪80年代，Fortune 500中有三成的公司在5年以内就会被取代，在70年代，这一时间是10年，而在50年代和60年代，一家公司要取代名单中的另一家公司则要花去大约20年时间。事实上，第一次榜单公布后30年，其中1/3的公司就渐渐偃旗息鼓，同时出现在1955年和2015年榜单中的公司只有60家。

在历史汹涌无情的旋涡之中，没有任何人能大言不惭地说自己能够永远逆流而上。

创业公司如此，大企业亦然。

第8章

天下时代

1994年，美国第一次举办世界杯。

这一年，美国的 GDP 为7.3万亿美元，而中国的 GDP 仅仅只有4.86万亿元人民币。苹果公司在这一年第一次获得103万美元的盈利，而在中国，一家名为联想的公司内部，技术派和市场派颉颃难分，次年，市场派主导，联想决定成为一家贸易公司。7年之后，苹果第一代 iPod 问世，其价格达到499美元，而此时联想一台搭配液晶显示器的奔腾4电脑价格也杀进了8 000元人民币。

紧接着，互联网出现并迅速繁荣起来，这标志着全球化进入了一个新的阶段。

在古代，各个国家地区之间的沟通联系是通过跨越地理上的阻隔实现的，虽然有时附带着惨重的代价，但贸易与扩张在客观上推动了不同文化之间的沟通。到了现代，运输、通信技术的发展进一步加强了不同国家地区之间的联系，两次世界大战尤其是第二次世界大战更是深刻地推动了科学技术理论的研究和应用，和平带来的不只是世界局势的安定，同时还有人力、资源和资本的自由流动，互联网的出现让人类第一次打破了时间上的物理隔绝，信息大爆炸推动了人类社会和历史的大跃进。

数据显示，2018年前3个月，中国对美贸易顺差达到了580亿美元。2017年，中国对美出口货物总值为5 060亿美元，占中国出口总额的近1/5，中国官方统计口径称，对美贸易顺差为2 760亿美元，而美国方面则认为该数字高达3 750亿美元。2018年1月，国际货币组织估计中国2018年的 GDP 增长将达到6.6%，但是，美国实现1 500亿美元关税加征的话，则增幅只有6.1%。

2017年，中国进口自美国的制造货物在 GDP 中的比重已经下滑到0.96%，美国外交关系委员会的经济学家布拉德·塞策（Brad Setser）估算，从美国进口的制造业产品对中国经济的重要性正在稳步下降，据他估算，中国出口1美元的商品里，其中0.8美元是在中国境内生产的，而在2011年，这个数字只有0.66美元。

第一代 iPod的生产成本仅仅只有33美元，而中国组装线的收入仅仅只有8美元。

1992—2009年，美国制造公司从低收入国家进口的货物在进口总额中的比重从7%猛增到了23%。一方面，有些发展中国家的劳动力成本正越来越高；另一方面，本地化的生产能够对消费者需求进行更快的反应。根据 BCG 估算，到2020年，在运输、计算机及机器等领域，现在美国从中国进口份额中的一成到三成将会回流到本土生产，其产值将高达2 000亿～5 500亿美元。

全球化最重要的价值之一便在于打破了以往囿于各种限制的信息不透明和滞后，这意味着在一个由市场发挥主导作用的理想的经济大环境里，资源将会最大程度地实现最优配置。但是，我们现在距离这样的目标还很远，而且在可以预见的历史周期里，我们也无法乐观地认为全球化进程会持续并产生良好的收益影响。

在欧洲一体化进程缓慢艰难前进二十年后，英国最终退出了欧盟，联盟内部各国经济水平、文化等的客观差异更是加剧了欧洲共同体的不安定风险，在整体利益和国家利益、长远利益和眼前利益之间，欧盟正遭遇着撕裂一般的切肤之痛。在美国，多元化正遭遇着猛烈的挑战和挑衅，罔顾国际秩序和全球利益，美国短视于自身短期利益，高举贸易保护大棒，破坏着市场上正常的经济秩序。

事实上，我们看到，全球化的格局正面临着支离破碎的危险，在技术进步、经济交流和共识前提下建立起来的世界秩序正受到越来越多的挑战和威胁。

截至2018年5月上旬，苹果公司的市值已经超过9 434亿美元，距离成为万亿美元市值的科技公司仅有一步之遥。2017年，大中华区收入在整个苹果公司中的营收达到了20%，尽管连续两年出现下滑，但是在各个地区及国家中依然仅落后于美国和欧洲市场，考虑到人均收入水平同美欧消费者的差异，苹果可以说交出了一份满意的中国市场答卷。

与此同时，联想却最终被恒生指数移除。尽管收购了 IBM 的笔记本电脑业务和摩托罗拉的移动设备业务，但是这家30多年来始终没能真正走出“技—工—贸”怪圈、无法真正走向国际化的公司现在正面临着空前的压力。

2016年，中国和美国在世界经济规模中的比重超过了39%。中国和美国已经成为对全球经济影响最大的两个市场。

作为一个后起的快速追赶者，中国在经济体量上与美国的差距正在逐渐缩小。如果中国和美国分别保持6.5%及2%的 GDP 增幅的话，那么在10年后，中国的经济总量就将超过美国，如图8–1所示。

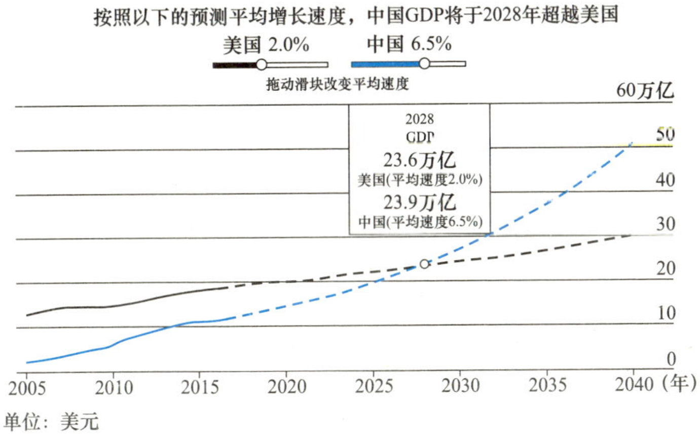

按照以下的预测平均增长速度，中国GDP将于2028年超越美国

美国 2.0%　中国 6.5%

拖动滑块改变平均速度

60万亿

2028
GDP
23.6万亿
美国(平均速度2.0%)
23.9万亿
中国(平均速度6.5%)

50
40
30
20
10
0

2005 2010 2015 2020 2025 2030 2035 2040（年）

单位：美元

图8–1　中美经济总量增长趋势

来源：*Bloomberg*

按购买力平价衡量的人均 GDP 来看，1984年，美国为31 849美元，中国为998美元，两者之间的差距足足有近32倍，到2016年，美国人均 GDP 为53 417美元，中国为14 275美元。而在城市化水平上，

美国在2016年的城市化率为81.8%，而中国仅有56.8%，仅仅略高于美国在1940年的城市化程度。

中国市场的崛起繁荣以及未来经济增长的转型，意味着消费市场在未来有着极大的潜力，在过去30年间，中国的城市化提升了两倍以上，在未来，随着经济总量和人均收入继续保持提升，城市化进程还将持续高速攀升，城市人口大量聚集不仅意味着新的消费动力，同时还将拉动创业公司的聚集效应。

美国是一个不折不扣依靠私人消费拉动经济增长的典型案例。

1900—1989年，美国人口增长了3倍，然而资源消费整整增长了170倍，美国以全世界5%不到的人口消费了24%的全球资源。

历史数据显示，个人消费、政府支出、投资及出口是一个国家GDP最重要的组成部分，1932年，个人消费在美国 GDP 中的比重高达83%，1944年则降至历史低谷49.5%。到了战后，消费在美国 GDP 中的比重始终保持在60%以上，其中1946—1980年，每年平均比重达到62.7%，1981—2011年则上升到67.4%，而在2003—2011年，这一比重达到了70.1%。

国家统计局数据指出，2017年全年最终消费支出对国内生产总值增长的贡献率为58.8%，而 CEIC 的数据则显示，自2005年至今，私人消费在中国 GDP 中的比重不足40%。

相形之下，中国的消费潜力显然还没有得到充足的释放。

如果说过去30年，中国依赖着人口红利获得让人咋舌的经济增长奇迹的话，那么在接下来的历史周期内，城市化以及由此引发的消费升级将是未来中国经济增长最引人注目的推动力，同时，这也必然是未来中国企业及创业公司崛起壮大的关键源头。

太平洋的东面是一个消费需求旺盛，有着完善工业体系的成熟市场，而西面则是消费市场在未来将爆炸式发展的新兴市场，前者离岸市场组装进口将是继续推动国内消费的常规手段，而后者也迫切地渴求新的技术产品服务。因此，这两块世界上最大的市场在未来将有着密不可分的联系。

美国国际贸易委员会的数据指出，2014年，美国离岸生产企业在全世界范围内总共雇佣了约1 380万名员工，中国工人的数量高达170万，是美国最大的离岸生产源地，超过75万人集中在制造业中。

尽管中国与美国之间存在着如此大的利益争端，但是，两国之间的劳动力、技术、资本及设计的交流联系早已经深入到彼此经济市场体系的血管深处。今天，隔绝和孤立并不是时代的主题。

一时一人设置的阴霾又如何敌得过时代的新风？而当这股新风自海上而来拂满大地的时候，我们便会聆听到来自未来的声音，它告诉我们，永远没有人能违逆历史的潮流。

PSYGIG从硅谷到东京，日本市场的开拓者

在见到PSYGIG的创始人Gary之前，笔者以为这又会是一个辍学

创业后一鸣惊人的硅谷奇才的创业故事，然而见面以后发现经过日本市场洗礼后的Gary是一个“并没什么野心”的稳健型创业者。

2013年从卡耐基梅隆大学退学以后，Gary作为一个全栈工程师在美国YC孵化器投资的公司潜伏了4年。2016年，他开始在硅谷寻找新的出路，在与做自驾车传感器的工程师朋友们聊过以后，产生了要做一个数据处理项目的想法。

但是当时的硅谷遍地都是这种创企，直到2016年9月，在TechCrunch Disrupt会议时见到了软银开发的家庭用机器人Pepper，他看到了一个新的并不被硅谷创业者们看好的市场——日本。

动机：让专业的人做专业的事

锁定日本这个市场以后，他对日本的创业公司规模和现状进行了调研，进一步将服务类型锁定在智能机器人和无人机、无人驾驶汽车这类公司中。

他发现，无人驾驶汽车和无人机中设置了管理庞大数量数据的传感器，运行时会产生海量的实时数据，这些比我们平时见到的普通移动设备要复杂得多，而且每个厂家都有各种机型，如果不是对应传感器的专用机种就无法处理这类数据。

但是并不是所有工程师都有能力建立具有高性能和大规模可扩展的架构，以处理来自这些移动物联网硬件产生的海量数据。但我们都知道，想要建立一个完备的从前端到后台都无懈可击的系统，几乎是不可能的，一个产品总会有bug出现，也总要去不断调试。

“大多数工程师都希望把时间和精力放在自己的最终用户和他们的产品上，所以他们不能在缺乏资源的情况下处理项目工作之外的事情。”Gary告诉钛媒体，“我们随后建立了PSYGIG的基础产品模块，通过提供API、SDK和SaaS平台帮助移动物联网工程师加快自主设备的开发，节省工程时间，以便他们可以专注于其核心产品。”

传统意义上的产品，无论是软件还是硬件，只要某一个模块有变化，就必须从头到尾再来一次，重写代码、运行、测试bug。以数据转移和传输来说，如果没有SDK或云处理，光手动去复制SD卡里面的数据，再上传到谷歌云端，发送给同事们让他们分析出了什么问题，这个过程就需要至少一周的时间，尤其是其中的复制数据部分，花费时间太久。

“但是我们优化了这个过程，交给我们几小时就能搞定。”Gary告诉钛媒体，“如果把省下来的时间和工程师资源放到开发新的产品中，能产生更大的价值。而且，能有效地节省他们的开支。”

产品特色：抓住移动物联网

PSYGIG最大的特色在于对物联网硬件产品在移动时跟踪、定位并给出应急解决方案，图8-2所示为PSYGIG的商业模式。Gary向钛媒体表示，自己十分看重移动物联网这片蓝海。人工神经网络和计算机科技对产业的影响在逐渐加重，Gary认为，从1980年到21世纪初，主要都是图形图像处理，而2010年左右是声音和图像处理，从

2017年开始，移动物联网如机器人、无人机、无人驾驶技术成了一种趋势，这个热点至少能持续到未来5年后。

他认为，在未来5～10年，移动物联网硬件的保有量至少有4.7亿台，包括智能汽车、无人机和机器人。

这其中，B2B业务十分稳固，而目前PSYGIG提供的To B服务主要分为三个模块：多平台SDK、在线诊断工具和一站式Dashboard。这三个模块支撑了Gary为PSYGIG定义的商业模式：SaaS与On-Premise混合型盈利方式。

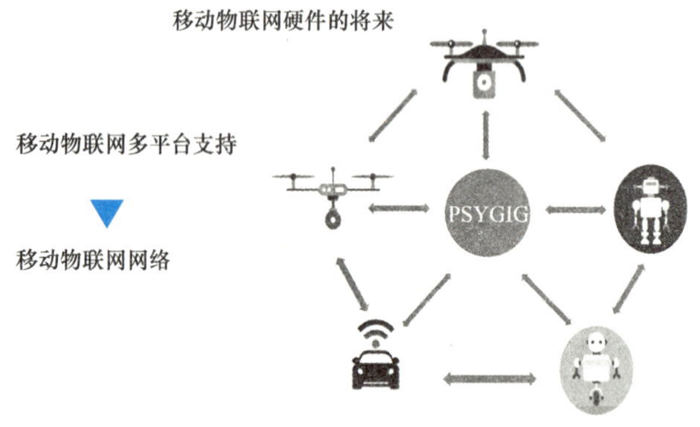

图8-2 PSYGIG的商业模式

多平台的SDK可以帮助测评原始无人机/无人车/机器人的硬件和传感器数据，将日志和报错信息上传到云端，通过对物理世界的感知，来跟踪硬件和传感器的移动、交互方式。

在线诊断工具主要用来调试产品代码，用户还能通过随时搜集跟踪日志和各项指标，对自己同一产品的不同版本进行比对，也能在不同产品之间进行比对，进而发现并解决问题。

而Dashboard则提供一站式解决方案，大规模对无人机或机器人进行遥感勘测，共享2D / 3D地图，对环境进行模拟和分析，为企业提供私人托管和现场解决方案。

这三大模块可以配合使用，“如果用户选择私人托管方案，我们会对机器整个测评运行阶段进行全程跟踪，如果用户选择了现场解决方案，我们后期插手的地方就少一些，但是价格上会不一样”。

对产品有了足够的自信，Gary开始积极参与TechCrunch Disrupt这种活动，通过活动他认识了当时已经在日本孵化器Open Network Lab（Onlab）毕业的创业者们。Gary迅速地向Onlab递交了申请书，这也成了PSYGIG走得最奇妙的一步。

但是想在日本开展业务，还是困难重重，因为YC和日本是完全不一样的氛围。

慢——日本创业者面临的统一问题

日本的创业氛围并不像媒体说的那样落后与封闭，政府也有很多鼓励政策。比如根据日本中小企业厅文件，2017年在专门针对女性、高龄创业者和像Gary这样的外国创业者的辅助创业资金中，就有10.3亿日元帮助中小企业招收、留住技术人才。

“但是申请程序复杂，而且等待时间太长了！”Gary告诉钛媒体，“比如创业公司员工工资补贴，如果招收一个技术人才，政府会给40%～60%的补贴工资，这个审查最短的是一个多月，而且每年只能申请一次，关键是并不保证能拿到，我们就放弃了，有这时间不如去做一些效率更高的事情。”

申请程序慢并不是政府手续中存在的问题，在涉及银行和金融方面的问题时，程序与审查更烦琐复杂。Gary说到，初期来日本创业时，孵化器给的第一笔投资金，因为合同日期和付款日期有点对不上这个微小的错误，让他的律师忙活了一个多月，最后实在没辙，干脆直接问政府机关的人自己应该怎么做才能解决问题，虽然最终解决了，但是其中的交流过程太麻烦了。

虽然政策环境和创业氛围并不乐观，但是Gary并不认为这是劣势，因为大家都是在同一个政策下创业，“我有自己的出身优势（Gary生于中国香港地区，在加拿大和美国有留学工作经验），时刻保持对美国和中国市场的了解。既然大家都是在一个层次上竞争，我们只要保持自己的优势，跑得比别人快就行”。

速度是制胜的关键

在日本创业对外国人来说很难，除了前文提到的政策问题和交流磨合之外，还有一堆实质性的麻烦事。但是PSYGIG为了跑得比别人快，选择了一条捷径，也是前文提到的契机——尽快申请到当地孵化器。

2017年1月，他就敲定在Open Network Lab落地，靠着YC丰富的经验和孵化器密集的培训，PSYGIG在4月的Demo后，正式成为Onlab孵化项目之一。

目前已经有15期“学员”毕业的Open Network Lab（Onlab），是由日本DG公司（Digital Garage，株式会社）在2010年开始运营的日本本土孵化器，该公司是Twitter的早期投资人，并将Twitter引进日本，公司公开信息显示已经投资约有90家公司，也主投了本孵化器的大多数创业项目。孵化器每年招收两批创业团队，目前已经毕业了15期。作为第14期会员，Onlab也是PSYGIG的种子轮投资者。

Gary表示，Onlab在自己创业之初给了极大的帮助，不仅有初期的投资，而且还有孵化器给的资源。除了基础的导师指导、熟悉市场和前期用户调研等孵化器的基础功能外，相对于在日本的外国人员创企，孵化器提供的最重要的是加速“本地化”。

如果不在日本办理行政事务是无法体会其手续之烦琐和细致的，当时具体负责PSYGIG的是孵化器项目经理津田祐实，从登记手续到法律文书都是由她协助办理。Gary表示：“Onlab真的是给我们省去了很多不必要的麻烦，比如外国员工的签证问题、合同问题，还有就是银行开户问题，这些极其烦琐，如果我没有走孵化器，我连在当地银行开企业账户的权利都没有，更别说开展业务。”

但是他学到了日本人的谨慎，对于客户信息他绝口不谈。虽然现在不便透露已有客户数据，但是Gary的计划是在日本开拓20～100家无人机和机器人创业公司后拓展全球业务，未来也会扩展到无人驾驶汽车领域。

“在YC的这几年我见过太多种失败的方式，也见过很多公司在面临困难时如何决断。”Gary还带着从硅谷带出来的耿直性情，他并不吝于分享自己在日本创业这一年多走过的弯路。他发现，打进日本市场最重要的并不是建技术壁垒，而是要学习如何和日本人做生意。

日式打法：清晰的市场判断和自我定位

虽然移动物联网市场巨大，但是对于智能汽车，销售周期太长、资金投入太大，对于PSYGIG这样的新创企业来说有一定难度，所以它们更倾向于无人机市场和机器人创企，尤其是对员工在20～30人、估值在5 000万元～1亿美元的创业公司。

日本允许吃面包屑的小公司存在，大公司并不会通过资本或者任何方式去干预这些依附群体，这或许也是日本独特的“契约精神”的体现（这一点可以参考钛媒体在网上的文章：“赴日投资观察：除了制造业，生活服务、ICT、技术应用也值得投”）。依附在大公司的外包小公司生存得很好，它们都能为大公司提供完备的服务，所以大公司并不是PSYGIG的考虑对象。

PSYGIG将自己的用户和目标市场定位在20～30人的中小企业也是建立在自己对于日本公司和工程师市场的理解之上的。“虽然它们技术强大，但并不是所有公司都有这样的精力和财力预算去做这些。”而且，Gary将目标市场定位在此的深层意思是，这样的创业公司会越来越多，并且源源不断。

笔者最大的感受是，日本创业者与中国创业者最大的差异是“雄心”，或者说是保守。当问到有没有想过要将业务发展到中国的时候，Gary的回答是“目前没有”，非常斩钉截铁。

但是他并不像日本创业者那样不愿意分享，对于在日本创业的外国群体，他给了很多建议。

首要是了解用户。与美国创业公司以及大公司的暴力美学不一样，“日本人更倾向于想‘我能为客户做什么’，而不是‘我能提供什么’，不是建壁垒，而是了解用户要什么。这之间存在着很大的差异。”Gary说这是自己对在硅谷与在日本创业的差异体会最深的方面。

对于这一差异，大家可能都知道，但是落实到行动上来太难了。“尊重文化差异并找到让自己凸显出来的方法。”

HistoWiz搭建全球云上癌症数据库

自从显微镜发明以来，组织学和病理学已经以相似的方式发展了近200年。在医学领域，采用新技术的速度明显慢于其他行业。建立一个可扩展的组织学实验室是一件极具挑战的事情。

这让彼时正在一家癌症诊断所工作的 Ke Cheng 看到了组织病理学行业巨大的潜力。2012年，拥有康奈尔大学和哈佛医学院双料博士学位的她，本可以在全球顶级实验室从事博士后研究的工作，但她选择离开实验室回到纽约，独自创立病理组织学服务商

HistoWiz。

HistoWiz 是全球首个癌症病理学数据库。简单说来，HistoWiz 通过购置先进的设备，实现全自动化操作，为实验室提供切片服务。同时，结合大数据和云存储技术，把实验结果放置云端，构建起来的数据库可以帮助研究人员节约大量的时间。

传统病理学发展的障碍

在传统意义上，组织病理学行业（Histopathology Industry）主要分为三个层次：首先，在组织学的层面，将组织标本加工成载玻片，再对其进行研究和评估；其次，在病理学层面，病理学家研究这些载玻片并且对其进行诊断；最后，在分析层面，通过机器学习工具对上一层聚合的数据进行处理。

传统的组织学和病理学行业研究周期耗时较长，主要分为以下四个步骤。

第一，由研究人员进行标本收集、研磨，送到组织学的核心设备进行切割和染色，产生可供评估的组织样本，这通常需要2～4周。

第二，完成之后的组织切片邮寄到病理实验室，进入病理学家的研究工作清单上，大约需要2周时间。

第三，病理学家对每张组织切片进行评估之后写出诊断结果，并将结果传递给客户，需要2周左右。

第四，如果遇见复杂的案例，则需要第二意见，就必须再重复进行评估和诊断，就需要再花费2周左右的时间。

Ke Cheng 告诉钛媒体，从以上步骤中可以发现，无论是在研究还是临床中，一个非常必要的情况是在实验室之间及时地运送样品，这通常需要几个星期左右的等待时间。

在这期间，研究人员可以利用这些宝贵的时间去治疗癌症，或者，医生也可以开始着手为病人提出治疗方案，然而却因这些样本依旧在邮寄的途中而耽误了。

为了解决这些问题，首先是要将实验室自动化，必须将传统的组织学工具更新为最新的数字扫描仪，然后把这些工具与协议连接，将不同的工作功能串在一起，以此建立一个自动化的工作流程。

在 HistoWiz 的自动化的实验室中，样本处理的时间从几周的流程缩短到几天以内。存储在云端的数字化的幻灯片，可以提供给 HistoWiz 数字网络客户和顶级的病理学家即时在线共享、评估，并且与客户分享结果，如图8-3所示。

图8-3 HistoWiz：用全自动化的组织外包服务把人类病理数据积累到一个智能平台上

拥有数据库是组织病理学行业向前迈出的重要一步。HistoWiz

还搭建了一个组织学的数据库，称其为 PathologyMap。通过利用机器学习和图像识别的工具，该数据库可以产生人眼无法观察到的病理学见解。

PathologyMap 数据库（见图8-4）允许即时共享样本和结果，并提供给生物医学研究人员、病理学家和外科医生之间无缝合作。

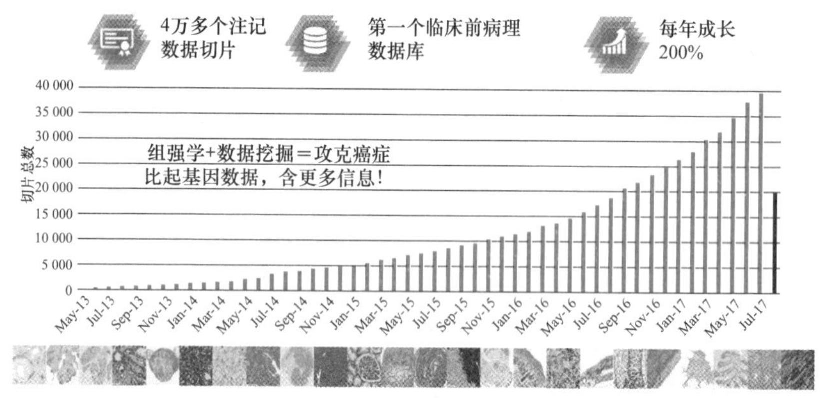

图8–4 PathologyMap：全球最大在线病理数据库

这个细分市场也是该行业中最具创新性和竞争力的市场之一。通过机器学习的工具可以从中获得未被发现的见解，可以促进研究和药物开发的进步。在各个层面上，研究人员、药物开发团队、医生、患者和科学家都能从结果中获得价值。

搭建病理学数据库的挑战

在技术层面最具挑战性的任务是建立一套基于技术的工具。这套工具可以利用数据库和数字化的幻灯片，以及附带的注释和评估，来汇总大量的数据。

实现这些需要开发机器学习工具，需要在研发方面进行大量人力和资金的投入。2015年12月，HistoWiz 收到来自真格基金百万美元投资，并入选硅谷著名孵化器 Y-Combinator，Ke Cheng 也成为唯一一位入选 Y-Combinator 的华人女性创业者。

这些工具不仅为客户所用，也可以服务于内部。在 HistoWiz 的团队中，任何有助于自动化以及简化工作流程的事宜均被看作具有优先级。专业的行业经验告诉他们，浪费时间和资源是组织病理学最大的两个问题。

现代化的组织学实验室的另一个关键的问题是弥合生物学与计算机科学之间的鸿沟。这两个学科对于现代化的实验室至关重要。Ke Cheng 相信，凭借支持生物医学的计算机力量，团队将找到治愈癌症或者其他疾病的办法。

但要将生物学与计算机结合起来存在着一个困境。尽管二者都非常努力，但它们都很难理解对方究竟需要的是什么。除此之外，它们对于客户的需求也缺乏清晰的认知。

作为公司的 CEO，Ke Cheng 认为自己扮演的一个很重要的角色就是充当双方的连接点——让生物学和计算机学的团队达成共识，成功地完成这项事业，并最终使得客户满意。

虽然完善公司不同方面的业务能力很重要，尤其是在实验室的环境中，Ke Cheng 认为，企业生死存亡的关键是应该意识到这一点——理解客户的需求高于一切。

理解客户的关键在于为目标客户推出合适的产品。在一开始，Ke Cheng 制作了一个最小可行的产品，并把它推向市场来证明其之前的假设。为了创造出真正有价值的产品，产品团队必须不断完善，从一开始的一个设想，到来自客户的反馈，这些过程逐步塑造出了最终的产品形式。

每个 CEO 必须在开始的时候就明白销售工作。在公司成立的初期，Ke Cheng 挨家挨户地跑销售，一遍遍确认自己的服务是否满足了之前所假定的客户需求，这一招非常有效。

虽然不一定所有的反馈都会有用，但重要的是，Ke Cheng 始终如一地收集反馈，并确保它在生产的过程中发挥重要的作用。2016 年，HistoWiz 已经每个月有8万美元的利润，并且一直保持着良好的增长态势。

未来的想象空间

越来越普及且重要的云计算技术，也成了 HistoWiz 的业务的基础部分。多年来，组织病理学行业的发展，一直因为缺乏基于云的基础设施而受到阻碍。这些障碍使得这个行业很难利用共享数据库、远程访问和协作工具，更不用说一些通过机器学习工具可能产生的观点。

为了促进组织病理学更进一步的发展，Ke Cheng 将云技术作为

HistoWiz 的业务核心组成部分之一。每个 HistoWiz 的组织样本都被扫描并且存储在云端，整个 PathologyMap 数据库都在云上，所有的虚拟病理学家评估也都在这里进行。

“医疗行业已经落后了很长时间，现在是时候在这个领域使用尖端技术并使之成为规则，而不是例外。为将组织病理学引入未来，我需要使这项技术成为业务的核心组成部分之一。”Ke Cheng 说道。

Ke Cheng 告诉钛媒体，在未来的10年内，智能和数据驱动技术的应用，将解决一些没有被满足的大的市场需求，甚至能改善人类生活的其他部分。这不仅仅适用于医疗保健行业，也可以影响到可再生能源与可持续的食物来源。随着这些企业在云上增长，收集和存储数据，机器学习工具增强人类努力的机会将呈指数级增长。

随着这些工具不断完善和发展，从这些海量数据集中获得的见解将变得越来越有价值，这些行业也将会以更快的速度前进。因此，为了给未来的成功做好准备，特别是在医疗领域，尽快开始收集和整理数据非常重要。

接下来，HistoWiz 还在继续构建新的数据库机制，包括机器学习的工具在内，也将会在云上运行。

得益于这些技术的应用，在未来几年的研究和药物开发中，研究人员将拥有比以往更多的工具和数据，他们的研究成果将会有更好的发展。通过这些研究成果，有可能改变针对个体优化的药物和治疗，并且将显著改善发现及治愈癌症的可能性。医生将更快更准确地诊断患者病情，并且可以为他们的患者开具个性化的药物和治疗方案。

HistoWiz 的技术栈不仅为全球病理学市场提供了重要益处，在许多新兴市场中，尤其是在发展中国家，这样的益处更为明显。由于身边缺乏合格的病理学家进行诊断，他们需要的病理学家经常在数千公里以外，无法获取组织样本以进行诊断。通过使用 HistoWiz 的数字病理学网络，新兴市场可以即时访问世界顶级病理学家，为数百万人提供平等的诊断访问。

Ke Cheng 和她的团队希望 HistoWiz 成为世界上最快、技术最先进的研究服务提供商之一，在更多方面生成组织病理学行业的完整解决方案，并且延伸至寻求治愈和开发新药的分析方面。其快速增长的数据库对于使用机器学习工具已经成熟，这将为医学界带来新的启发。

在未来的几年中，HistoWiz 计划扩展到研究领域之外，以涵盖临床，能够获得 FDA 批准，完成组织处理和患者数字诊断的目标，使得数百万人有接触到最优秀的专家的机会。

第 9 章

愈大，愈好

1955—1959年，Fortune 500中的公司每年有6.5%进入或滑出此榜单，到了20世纪六七十年代，每年平均只有不到5%的更迭，到了八九十年代，这一数字猛增到7.5%，在21世纪前10年，这一比例才重新下降到6.5%。

出现这种变化并非偶然。

1983—2005年左右的20多年，被称为美国经济的“大缓和”（great moderation）时期，市场波动较小，经济状况总体趋于平稳，但是，美国大公司的起伏变化却更加剧烈。

一方面，宏观稳定和银行利率低下，使得大公司间的起落变得更加频繁和剧烈，20世纪七八十年代，在航空、卡车、纺织、石油天然气等行业盛行的解除管制（deregulation）加大了市场的自由竞争力度，更是加剧了公司的变迁兴衰，但是，另一方面，这些大公司的起落又极大地提升了生产力，淘汰了市场上生产效率水平低的公司，而这又进一步维持了宏观经济的平稳状态。

事实上，如果公司具有更高的效率，相对的波动反而会带来更显著的宏观经济效益。

如果把企业发展放在一个社会经济发展的大框架中来看的话，我们会发现，大公司和创业企业的差距正以前所未有的速度和深度拉大。

2014年，全美小企业数量超过2 844万，雇佣员工数量超过5 606万人，到了2016年，两个数字分别增长为2 960万和5 790万，小企业在美国企业中的份额达到了99.9%，图9–1所示为美国创业公司生存状态。

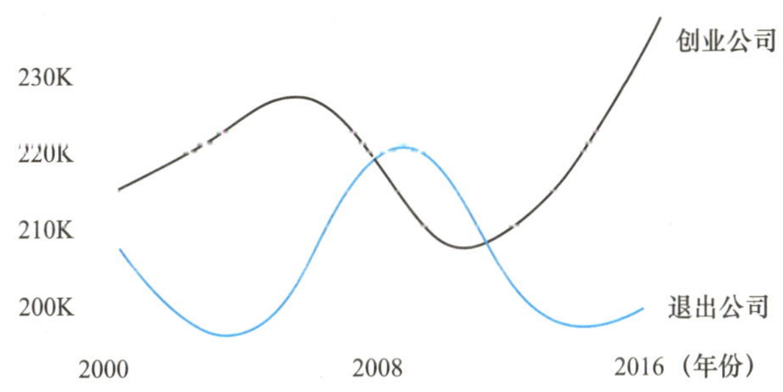

图9–1 美国创业公司生存状态

来源：美国小企业管理局

耸人听闻的是，2014年，标普指数500中的52家公司创造的营收占据了当年全美公司总收入的一半以上，仅仅一年后，包括苹果、摩根大通、伯克希尔·哈撒韦等28家标普指数500公司的收入占据了全美企业营收的半壁江山。

我们正处于一个空前的公司组织不断膨胀的时代，它们在市场经济乃至日常生活中越来越频繁而深刻地影响到我们。

截至2017年年中，Facebook 和 Google 在互联网流量中占有的比重分别为40%和37%。

截至2017年年底，Facebook 共拥有三款月活跃用户超过10亿的产品，分别是Facebook（21.3亿用户）、WhatsApp（15亿用户）和Facebook Messenger（13亿用户）。

为了建立数据中心，Amazon 在北弗吉尼亚买下的地达到了17.6万平方米。

淘宝及天猫在2017年“双11”一天的销售额达到1 682亿元，全年 GMV 达3.767万亿元，这一年美国“黑五”当日网上营收只有50.3亿美元，美国全年线上零售总额为453.5亿美元。

中国的互联网公司也正变得越来越庞大。

不要忘了，这还是一个互联网引进仅仅只有20多年的国度，在过去不到1/4个世纪里，中国的互联网用户数量从0增加到了7.72亿（截至2017年12月），普及率达到了55.8%，大约相当于美国2002年时的水准，而现在美国的互联网普及率达到了惊人的89%。尽管中国的经济实力在过去30年间保持了连续的增长，但是和美国依然有着巨大的差距，收入和消费水平都还远远落后。

中国的互联网本身就如同一个历经风尘冲刷而遍布伤痕的华丽花瓶，在其中，我们会看到现实和网络不同阶层、身份各异的共同体之间的差别乃至对立，这种差异和罅隙同样还存在于中国与他者的互联网中。一方面，我们津津乐道于中国式的互联网创新，这些本土化的公司产品服务都是深深植根于中国式互联网环境而生根发芽、茁壮成长的，我们看到了中国互联网的蓬勃兴盛；另一方面，中国互联网的繁荣仿佛只属于它自己，中国互联网的经验和模式是否足够普适并能成功渗透到全球化潮流中?

中国互联网公司几乎都是伴随着互联网的诞生和兴盛共同成长起来的，中国互联网历史实际上就等同于中国互联网公司的商业史。很显然，中国作为后进发展中国家在发展中曾引以为豪的后发优势也同样体现在互联网事业的发展里。

正因为中国的互联网如此新兴年轻，是在一个此前如此贫瘠、封闭、落后的经济环境中成长起来的，这固然意味着中国互联网事业发展要额外填补空白，中国的互联网公司没有任何经验和模式可以遵循。但是，这番困局同样存在着置之死地而后生的“神之一手”。

历史的先行者探索出了新的路线。

改革开放、市场化、互联网的引进实际上是这样的一种机会：人们得以简单粗暴地捣碎了传统和现代化、旧实践和新探索之间的藩篱，与其说这是大无畏的勇气促使人们做出了选择，毋宁认为是在当时的环境中，存在着一个真空和空白，经济发展的顿挫，技术创新上和先进水平之间的代差，发展成果几乎等同无物，这些不利因素综合作用后最终形成了一片混沌。

如果没有荫庇可以继承的话，那么，就只能一切从零开始。这恰好为中国互联网事业和互联网公司的发展提供了一个前所未有的大好机会，没有人知道互联网究竟应该如何去运作，懵懂的中国最早的互联网人如同盲人摸象一样开始了自己对互联网的探索和驯服。没有旧技术和成果，不必再去考虑扩散和用户采用的难度曲线，没有完善成熟的既有解决方案，不存在升级和改造成本，对互联网这个新生事物来说，不毛之地就是能让它疯狂野蛮生长的最优渥的土壤。

在2017年的 Fortune Global 500榜单中，科技公司的数量达到了44家，其中互联网公司有6家，分别是 Amazon（排名26）、Alphabet（排名65）、京东（排名261）、Facebook（排名393）、阿里巴巴（排名462）、腾讯（排名478）。以市值计算的话，全球最高的10家互联网公司中，美国与中国分别有6家与4家，而以营收计的话，则全球最高的10家公司里，美国和中国公司依然是6家和4家。

空白期为中国互联网和互联网公司提供了前所未有的机会，但是，当这些大公司做大之后，它们会不约而同地面临这样的问题：没有经历过技术创新传播应用机制熏陶的自己究竟如何才能和创新不失之交臂？

从20世纪80年代到90年代，只有1/4的破坏式创新来自大公司，1864—1998年94项重大创新中，大公司贡献的数量只有11%，但是到了21世纪前10年，这一比例已经增加到了35%。

从美国的经验来看，大型公司正越来越多地成为创新的主力。资源的高度集中、内部创新机制的完善以及整个经济系统内根深蒂固的创新传统为它们提供了取之不竭的创新资源，然而，这些优势在中国一直付之阙如。那么，中国互联网公司的创新之道究竟在哪里呢？

观察阿里巴巴诸神之战三年来的获奖项目，我们会有一些有趣的发现。

2015年的决赛冠军队伍的项目关注的是信息化工具，他们关注的是移动互联网时代的碎片化信息筛选。7个分赛区冠军队伍关注的方向包括医疗O2O、智能家居、汽车销售的智能化、农村经济网络化等。2016年的冠军项目是医药开发方案，此外还有基于光学和声学的手术辅助、为 VR 提供软件硬件解决方案、通过自然语言理解提升人机交互以及 docker 平台服务。在2017年的项目里，医疗成了最热门的领域，而人工智能技术的应用也更加深入。

我们认为，在中国互联网历史上，存在着三种植根于特有互联网环境的创新形式。

消费创新

从某种意义上来说，淘宝的横空出世正好满足了消费主义热潮中的中国用户的最急切欲望，这种欲望，最开始是如何用低价满足购买的单纯需求，然后升级到接受价格与价值之间的统一并愿意付出一定的溢价。随着消费文化和收入水平的提升，消费者最后可能会不同程度地忽视价值和价格之间的统一，而倾向出于自己的兴趣消费。

如果说网上购物还是一种狭义消费行为的话，那么包括手机游戏、弹幕、直播视频等在内的广义上的消费无疑更能显示出中国式互联网的消费创新。

由“80后”“90后”甚至“00后”群体组成的新兴消费群体，已成为中国消费主力群体。移动互联网迅雷不及掩耳之势的流行使得他们跨越了 PC 而成了拥有智能手机的一代人，从简单游戏到大型游戏，从消费碎片时间到重度游戏，从流量广告到课金充值变现，10 年不到的时间，中国的智能手机游戏实际上已经成了世界上商业化最成功、活跃度最高的游戏品类之一。

以弹幕和直播视频为代表的亚文化真正能吸引到用户的地方在于它们提供了一种在安全距离内聚众狂欢的机制，所谓“安全距离”，即意味着这种聚集观看评论互动的方式必然是基于虚拟的网络世界的，用户在网上替身（avatar）和自己真实身份之间寻找到一个可以释放“本我”的隔离地带，因而，任何试图将这样的娱乐消费行为迁移到真实环境中的尝试最终都可能会归于失败。

这种创新并非是指中国的互联网企业发明了网上购物、手机游戏、弹幕及直播视频等，而是说他们在里面融入了对中国用户消费心理的深刻观察和掌控，在不同的阶段引导给予用户满足其消费快感的商品。

我们认为，消费创新的实质是填补中国互联网用户间的裂隙，而这本来不应该是商业公司应该和需要承担的责任，他们从中攫取了商业利益，因而也不得不为此承受攻击。

用户增值服务创新

受制于经济条件和监管环境，中国消费者长期以来都没有建立起持续的内容消费意识和版权意识。

盗版的存在和猖獗极大地加重了中国互联网商业的风险和负担，在这种大环境下，为了吸引用户不得不采取免费模式，但是，建立在免费机制上的商业模式必然是无法持续良性运作下去的，因此，如何提供用户愿意心甘情愿为之付费的产品服务成了中国互联网最悲怆亦最动人的基调之一。

网文付费阅读成了最早也是商业化取得巨大成功的尝试之一，通过超低廉价格和巨量内容相结合、作者和平台共同分成的商业模式，用户增值服务的合理性和可持续得到了证明。付费读者最初只是希望比免费用户更早获得更完整的内容，平台在其间实际上打了一个时间差，但这种模式必须建立在内容提供者能持续输出不断满足用户及潜在消费者兴趣意愿的内容的基础上。

在互联网时代，渠道方在消费环节上的地位和重要性已经被极大地削弱了，内容生产者借助社交媒体和其他工具平台就可以摆脱掉渠道方直接和读者联系，创作者和渠道的分离始终是一种威胁。只有把内容制作和分发渠道都牢牢把握在自己手里，才可能从根本上解决这一问题。

Netflix 从录像带出租商转成流媒体平台，之后，又开始大张旗鼓地加大内容自制投入，每次转型都获得了巨大的成功，而这套方法也被 Amazon 借鉴，后者现在从单纯的发行商变成了一个内容制作商。

那么，用户增值服务的创新处究竟在哪里呢？实际上，互联网公司借此为用户提供了一个暂时与虚拟的权利独占方案，用户在会员期间能够享受到抢先观看、更高画质、价格折扣、特殊身份效果、使用平台网络甚至在使用服务中获得增益优势等特权。

在不少场景下，会员增值服务的受益甚至使用方不止局限用户本人，抢先观看及观看更高画质，意味着免费用户和付费用户分不同阶段和不同清晰度来观看视频，而这将极大地减轻平台本身的服务器压力，使用平台网络的前提是需要有人也同样使用此服务，获得增益优势的结果也可能是免费用户转化成为付费用户。

通过设立会员增值服务来设计价格歧视，服务商可以有效提高用户净值水平和自身服务能力。

互联网和现实互动的创新

没有一门生意像O2O如此激烈地冲击了线下市场，消费者和服务者第一次意识到，互联网和线下本来就是没有多少区隔的，何况是在消费领域，真正造成线上与线下隔阂的实际上只是成本差异而已。线上平台当然不愿意一直补贴，线下店铺也无法接受处在充当导流工具的弱势地位。

中国的线下零售业在电商的冲击下曾经一溃千里，但是，最终大家都发现，线上购物并非万全法宝，线上和线下之间存在的物理间隔最终成了用户体验的极大阻碍。当线上消费的创新逐渐枯竭时，中国的互联网企业终于发现，离消费者最近的才是最容易产生消费和数据的地方，于是，线上和线下再次融合。

线上零售的时间、距离短板在三、四线以下的城镇愈加突出，物流网络的搭建在短期内并不足以让这些地区的消费者获得媲美一、二线城市用户的体验，而且高昂的成本与效益又构成了矛盾，更何况淘宝、天猫上卖家发货地和物流方各有差异，非标准化服务是消费领域的最大死敌之一。

经过10余年的开发，线上购物在重点城市及消费群体的增长潜力逐渐见底，于是，开辟新市场和客源便成了要务，在当今中国，还有大约6亿消费者是互联网遗民。在这种情况下，新零售应运而生，电子商务从线上导流变为通过线下铺设网点和物流结合来获取更全面的数据和增长源。

同样的道理也运用于打车服务和共享单车上，它们原生于互联网，试图在海量资源的基础上调配时间和空间以解决信息不对称的问题。问题在于，共享单车要解决的不对称信息价值并不高，因而它的商业价值本身就有着巨大的局限性和缺陷。

上述三种模式在技术上往往并没有突出的先进性和独创性，事实上，它们更多地从用户场景出发，寻找应用场景中存在的互联网和现实、传统系统之间的矛盾，然后将这些分歧点拆解成若干部分，从中寻找出可以应用于用户需求的切合点，最后，围绕它设计开发新的产品、服务和商业模式。

创新本身并非神秘莫测，它自己本身就有经验和方法论可以借鉴参考。

在创新过程中，创造力又发挥着举足轻重的作用。事实上，所有的创新和发明的开端都指向了创造力精神和能力，当创造力和实用性结合起来，创新就自然而然地诞生了，从某种意义上来说，创造力即创新。心理学家罗伯特·斯坦伯格（Robert J. Sternberg）提出了创造力贡献模式（A Propulsion Model of Creative Contributions），所谓“创造力贡献”，首先是相对原创的构想，同时这些构想又必须有着明确目标且很高的质量。

斯坦伯格提炼了八种可以推动创造力的模式。

第一，复制（replication）。复制既有的成功产品，在价格或质量上形成新的竞争力。

第二，重新定义（redefinition）。在20世纪50年代，电视机的发明面世彻底改变了人们的娱乐生活方式，而后，布鲁克海文国家实验室组织了一次展示，向大众说明原子能研究的安全性，物理学家威廉·辛吉布森（William Higinbotham）清楚这样的活动对普通人来说会有多乏味，于是，辛吉布森将一台示波器、计算机和按钮手柄等装配起来，并设计出了视频游戏的简陋雏形来吸引听众。

到了20世纪70年代，雅达利推出了世界上第一款视频游戏《乒乓》（*Pong*），这正是对20多年前辛吉布森作品的创造性改编，这款作品在历史上第一次将电视机和游戏互动结合起来，开创了游戏行业的新时代。

第三，前向渐进（forward incrementation）。新产品的面世，将先有产品线推向了新的阶段，而这恰恰是用户早已经渴求并准备好的。

早在1838年，就有人尝试制作灯泡；到了1847年，在真空灯泡里置入固态碳丝的想法就已经出现，但是因为灯丝持续燃烧时间不够长以及灯泡里的空气太多，这样的设计还是无法大规模付诸实践；

到了1879年，爱迪生成功发明了真空泵；到了1882年，人们开始大规模量产碳丝灯泡。而后，随着电力系统的普及，灯丝的研究进一步持续下去，人们最终找到了最合适的钨丝。

在这个过程中，中间的每一步都随着科学技术的发展而推进。

第四，加速前向渐进（advance forward incrementation）。简而言之，该模式中的创造力超过了所处时代。

1834年，英国数学家查尔斯·巴贝奇（Charles Babbage）就提出了通用计算机的设想，他计划制造一台能够执行函数计算的分析机，尽管同时代的很多数学家和工程师都知道巴贝奇的构想，但是囿于时代环境和科学技术水平，没有人再进一步深入研究下去。

在20世纪30年代的美国，人们主要是从夫妻店（mom-and-pop grocery store）购物的，速度慢且价格高，迈克·库伦（Michael Cullen）注意到，汽车的逐渐普及极大地减轻了消费者到远处购物的阻力。于是，库伦极富创意地在远离城镇中心的低房租地带建设起了超市，通过薄利多销的方式吸引了大量消费者前来购物。尽管当时的夫妻店利益体通过各种游说和宣传手段攻讦库伦的超市，但是，低价策略对大萧条中的消费者有着无与伦比的吸引力。

巴贝奇的故事说明，如果创新模式超过专业领域的话，那么它很难在当时成功；而库伦的案例则证明，即使和当时的市场主流相悖，但是如果赢得了用户，那么也可以后浪推前浪成为主流。

第五，重新确定方向（redirection）。该模式中的产品和以前的产品在某些地方构成了差异。

19世纪的美国人热衷于私人定制商品，但是，随着大规模生产的普及，这一消费喜好渐渐被淘汰，仅仅成为少数消费者的爱好。已知最早在19世纪投入使用的组装线是在屠宰场，到了1913年，亨利·福特为了生产 T 型车而上马了流水线，并因此取得了巨大的成功，而这种成功也迅速扩展到整个制造业的其他领域，并进一步推动了自动化技术的发展成熟。

与此同时，组装线和大规模生产的引入又促使企业开始建立管理等级制度，从而创造了大量生产管理和市场销售人员岗位，整个制造业的格局由此发生了天翻地覆的变化。

第六，重新建构/重新确定方向（reconstruction/redirection）。这个模式是指重新关注某个领域的过往，然后赋予其新的方向。

早在1888年，一次性相机就发明出来了，那时候只是给新手用的，但是，现代的一次性相机最吸引人的地方和最大的优势就在于便利性。

第七，另起炉灶（reinitiation）。该模式指那些完全崭新的发明创造。

能够重新开辟一个新领域的不只是那些一流的具有创新能力的人，在1975年，听了朋友嫌养宠物费时又昂贵的抱怨后，当时已经失业的广告人加里·达尔（Gary Dahl）突发奇想地推出了“宠物石”（pet rock）并因此一夜暴富。

第八，整合（integration）。将若干区隔明显甚至对立的创意结合在一起，进而推动新领域的发展。

创新和技术发明在历史上一直发生，但是，真正能推动历史社会进步的只有那些能真正大规模应用并商业化的创新，过往的经验已经鲜明地证明了这一点。

创新无时无刻不在孕育、等待着呱呱坠地后大展身手，21世纪的技术和创新更加别开生面。

量子计算的研究和开发上到一个新的台阶，早在20世纪90年代就已经面世的3D 打印显示出越来越大的威力和潜力，生物医学和大数据、人工智能结合后获得了柳暗花明的新天地，绿色能源及可替代能源不再只是口惠而实不至的空话，VR/AR 在教育、科研等领域逐渐普及，人工智能、云计算、大数据等成为真正的互联网基础设施和底层建筑。

事实上，我们认为，现在的创新进程已发展到了一个新的时代。

在现在的创新阶段里，大公司还将继续发挥至关重要的作用，一方面是因为它们能够吸引到业界最顶尖的研究团队，对研发的商业化转化不会过分严苛；另一方面，这些大公司有着充分的资源来实验、优化理论成果，为这些创新技术商业化做准备。

以 Google Brain 团队为例，这是 Google 内部的一个深度学习人工智能研究团队，成立于2011年，最早研发Google X 项目并大获成功，它目前的研究成果主要应用于Android 系统中语音识别、Google+上的图片搜索以及YouTube 上的视频推荐。2017年，它们的核心研究项目有自动机器学习（AutoML）、语音识别和生成、新的机器学习算法和应用、用于计算机系统机器学习、TensorFlow、开源软件以及 TPU。

Google 在 NIPS 投交的论文总数量多达60篇，排在所有机构第一位，微软和 IBM 投递的论文数量分别为40篇和16篇，在2014年被 Google 收购的 DeepMind 论文数量为31篇。ICML 接受的机构论文中，Google 和微软分别以44次及33次排在前两位，DeepMind 则以25篇论文数量排在第4，ICML 接受的论文中3/4来自学术机构，但是，Google 和 DeepMind 署名的论文共有60篇，占了全部提交论文的6.9%。

Google 以及微软强大的科研实力是它们商业化成功的基础。

2018年1月，加州机动车辆管理局发布了2017年度自动驾驶脱离报告，结果 Google 旗下的 Waymo 在2017年累计进行了35万英里（1英里≈1.61千米）以上的自动驾驶测试，通用旗下的自动驾驶品牌 Cruise 的驾驶里程为13.1万英里，其余的车辆行驶最多的也只有6 127英里。而在2016年，Waymo 的自动驾驶路程超过63.5万英里。

现在，Google 最主要的营收来源、流量来源和移动智能平台无一例外都来自收购，大公司的收购现在已经成了保持自己持续创新能力最有力的武器之一，Facebook 的 VR 业务同样来自收购，Amazon则先后收购了 Twitch 及全食，微软则斥巨资先后收购了 Hotmail、Yammer、诺基亚、Minecraft 开发商 Mojang 及 LinkedIn，如图9-2所示。

事实上，我们观察这些大公司后会发现，它们的创新策略各有不同，Google 在主营业务之外一直在人工智能、机器学习等前沿技术上用力投入，Facebook 则抓住了 VR 的方向，Amazon 继续在云计算业务上保持强势，微软也以大无畏的勇气持续加大对云计算的投入，这些大公司都在多元化经营的思路下拓展自己的创新能力。

距离数字革命席卷世界至今不过半个世纪不到的时间，创新的历程发生了空前的大变化，而在这个过程中，整个社会经济、经济系统、技术的扩散应用以及公司的演变也随之发生着革新，这样的变革持续不断，或浩荡或平静地流过历史的每个微不足道的脉络，留下自己的印记。

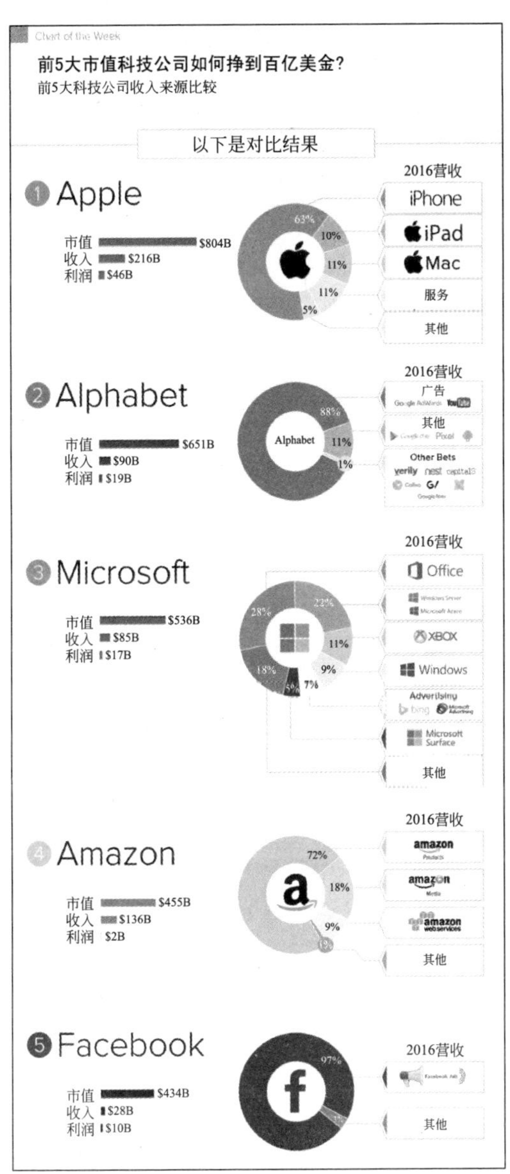

图9-2 Google、苹果、Facebook、微软及亚马逊公司的营收构成

来源：valuewalk

现在，我们再次站在了历史的风眼处。

但是，并不是任何人都能好风凭借力。

人生与生活，就是一场总要决出胜负而绝大多数人实际上是输家的漫长战斗。

第10章

无主之地

我们正处在世界的童年，在这样的时代，不应静止无为，而应不断行动。

——格奥尔格·克里斯托夫·利希滕贝格

（Georg Christoph Lichtenberg）

故事在哪里开始，就在哪里结束。

1994年，世界杯在大洋彼岸热火朝天地开始了。

我们则紧张而又拙朴地开始了自己的职业化联赛进程，甲 A 联赛在5年前就成立了，直到现在才施行俱乐部赛制。就在世界杯正式开展前两个月，甲 A 联赛于1994年4月17日正式打响。

就在埃斯科巴被枪杀的那天，大连万达和上海申花的比赛开始了，地点就在万达主场大连人民体育场。甲 A 元年，南北两支球队初次相逢，申花队反客为主，先后在39分钟和79分钟时攻入两球。流逝的时间仿佛被现场的焦灼蒸干了一般，凝固在球场上，包裹住在场的每个人。距离失败还有一步之遥，为什么还要坚持呢？认输就轻松了。不可否认的是，在某些时候，每个人心中都有这样的声音劝慰自己放弃。

王涛并不甘心，距离常规比赛时间结束还有5分钟，他攻进了联赛至今的第3个进球，3分钟后，高旭再次击穿对手球门。

裁判哨响，比赛结束。

和惊喜的大连球员相比，上海的球员难免沮丧，他们这时或许不会想到，两支球队的下次相遇还会互交白卷继续以平局收场。即使是得意窃喜的万达球员也不会料到，这场比赛是一场横贯10年甲A抢班夺权战中最扣人心弦大战的序曲而已。

这时候，大连这支足球俱乐部的赞助人或许会不那么确定地憧憬自己的球队在未来能夺下冠军，此时的他只是一个事业刚刚起步的房地产企业家而已，“定一个小目标”的话语要在20多年后成为华人首富后才有资格和底气说出来。

此时，对所有人来说，这里不啻于一个梦开始的地方。

做梦也不失为一种逃脱现实的方法。

1985—1993年，国家或政府的资本投资增长了1.55倍，年平均增长率高达12.4%，个人和法人的资本投资则增长了5.67 倍，年平均增长率为26.8%。两者的比例从1985年的1∶1.28增加到了1993 年1∶3.35。尽管市场化开放还不彻底，但是个人和法人资本投资在20世纪90年代已经成为国家经济持续高速增长的主要动力。

1994年，全年社会消费品零售总额为16 053亿元，同比增长了31.2%，其中城市9 555亿元，农村6 498亿元。非国有商业更为活跃，在消费品零售总额中的比重由上一年的60.3%上升到66.3%，而国有商业则下降到33.7%。

由于种种原因，20世纪八九十年代的经济体制改革最终滋生出国有经济和非国有经济产权混合的二元体制，在此体制下，财产收入也分为公共收入和个人收入，根据张曙光的估算，1985—1994年，城镇居民的正式收入增长了4.13倍，年平均增长率为15.2%，但是同期的非正式收入增长了足足12.98倍，年平均增长率高达29.2%。在80年代，城镇居民的非正式收入尚少，但是甫一进入90年代，它和正式收入的比重就超过0.7，到了1994年时，非正式收入完全超过了正式收入。

在整个20世纪90年代，尽管一直保持着10%左右的经济增长率，但是社会经济呈现出高失业、高通货膨胀并行的态势。

1994年球市的火爆与是年虚火旺盛的经济相映成趣。

这一年，四川还只有一支全兴球队，就算只是在12支球队中排第一两周，也足以让热情泼辣的本地人为之兴奋、狂欢不已。

世界杯上决赛的时候，甲A赛场上正好是全兴遇上了万达。

那边，巴乔踢飞了最后一颗点球，于是只能落寞而悲伤地看着罗马里奥和邓加加冕，这边，万达靠着王涛的进球以一场胜利结束了联赛上半赛程。1994年11月6日，万达依靠王涛和魏意民的进球赛季横扫了辽宁远东，最终提前一轮夺得了中国职业化联赛的首座冠军奖杯。

一天之后，UNC 的 WXYC 成为历史上第一个进行互联网电台播放的电台。在美国，互联网以各种方式渐渐接触到大众，一场技术、生活方式和公司的演变正暗流涌动着，悄悄积蓄着力量。在这一年，《财富》杂志第一次将服务业公司列入了 Fortune 500评选中。

万达胜利后的第7天，历史上第一个乘客穿过了英法海底隧道，欧洲一体化在全球化的潮流中渐渐显山露水，资本、创新技术、人力的自由流动在人类历史上第一次有了从奢望变成现实的机遇。

同一天，在全兴的主场，万达以3∶2击败了黄色的狂野旋风，四川球队整个赛季下来第一次在主场输了比赛。在中国甲 A 短暂而曲折的10年时间里，这是一个开端，大连球队总共夺取了7个冠军，甚至还包括末代甲 A 的三连冠。

然而，这些都已经不再重要，在1998年的一场足协杯比赛后，万达球队的主人激愤难平，他说“球场上的黑暗太多了”。再后来，到了世纪之交，万达向实德转让了30%的俱乐部股份，后者在2000年以1.2亿元买下了大连球队的剩余股份，球队就此易主易名，足坛再也没有万达，从此，绿茵场上再也不见那个每场比赛都到现场的老板了。

1999年，不只是大连的足球队改变了自己的命运轨迹而已。

这一年，褚时健被判无期徒刑身陷囹圄，马云和他的18位伙伴们终于下定决心进军电子商务，踩着滑板在广场上摩擦摩擦的张朝阳穿着牛仔裤大踏步走上了《亚洲周刊》封面。

在这一年，Google 的两位创始人一度要将公司作价100万美元出售，在降价到75万美元依然被对方拒绝后，他们最终决定彻底打消这个念头，不久以后，他们获得了2 500万美元的融资。

到2000年，重庆力帆足球俱乐部终于重组完成，结果仅仅3年之后，这支球队在最后一届甲 A 遭遇降级，到2004中超赛季，力帆只获得最后一名，却幸免于降级的命运，2005赛季及2006赛季力帆继续保持联赛食物链最底端的尴尬处境，结果在2006赛季以16积分成了中超成立以来首支降级中甲的球队。

2002年，全兴集团退出了中国足坛，自此，这支身处成都的四川球队开始了颠沛流离的命运，先后以四川大河、四川冠城的面目参加联赛，最终在2005年被解散。

鲁林是一个喜欢足球的重庆人，他的梦想是做国内最好的足球自媒体，他也是阿里巴巴赛区2016年诸神之战大赛的重庆赛区冠军。他想做足球内容视频，从比赛拿到投资到现在已经过去了两年，实际上，连他自己也知道他干的可能是一件吃力不讨好的事情。

面向大众的足球垂直内容在国内几乎没有任何生长环境，足球运动本身在国内正越来越多地丧失了其生存和发展基础，离大众运动越来越远，这样的创业方向从根本上来说就如同堂・吉诃德的冒险一般，虽然浪漫却充满风险。就如鲁林自己说的那样，他想制作更纯粹的内容而不愿节目过分商业化，但是，视频前后期制作的高昂成本将成为无底洞，通过内容实现流量变现实在太过艰难。

鲁林还没有放弃，他还想继续坚持和尝试。

足球是门好生意吗?

上面这个创业的年轻人还在困惑，而大连万达曾经的那位老板现在则给出了新的答案。退出中国足球圈18年后，他又回来了，带着他的粗犷刚健作风，带着大连一方球队，带着将近20年的惆怅和不平。在他风光得意地给球员们挥斥方遒、现场发奖金、夺冠军的时候，那个人才刚刚开始创业做电商，而现在，那个叫马云的人不仅打造起了一个千亿美元的互联网帝国，甚至还有了一支足球队，广州恒大已经连续拿下了7个赛季的中超冠军，恒大淘宝已经实现了中超的三连冠。

“波系圆嘅”（球是圆的）。

足球的、互联网的，个人的、公司的，宏观的、微观的，一切命题都可以在其中找到答案。

致　谢

这是一本完全基于共同的兴趣，在业余时间合作完成的作品。

2017年云栖大会之后，我看到好几个阿里云的朋友在分享诸神之战创业大赛中一些优秀案例的片段，出于职业的好奇，我从单个项目深入研究到了整个大赛的细节之中。

在和阿里云研究中心高级总监田丰和阿里云创新中心运营总监沙惟沟通了几次之后，大家都觉得这个已经举办了三届、有几千个报名项目，范围已经扩展到全球的创业大赛，其意义远不只是发现对接好投资项目这么简单。

随着云计算的成熟，原来昂贵的计算资源的价格被大大拉低，这使得尝试全新想法和算法的成本降低到了大部分创业者都可以承受的水平。如果把对这些创业公司的观察放在一个大的背景之下，结合技术和商业发展的趋势来看，就会有更多有价值的信息被解读出来。但我们也都知道，这意味着一个复杂项目的确立和指数级别工作量的增加。而且，对于钛媒体和阿里云来说，这些都注定是必须在业余时间完成的工作。但是两边都有浓厚的兴趣和很强的责任感，要把这件事情推动下去。

在几个月的时间里，阿里云与钛媒体的同事们密集联系了几十家获奖的创业团队，在几方繁忙的日程中，跨时区、跨语言、跨公司地反复沟通，对出可以采访的时间，再由钛媒体的记者以及阿里研究院的研究人员跟进进行了大量的采访和调研。

这本书的面世，本身就是一个跨团队协作的成果。在本书最终成稿之时，首先要感谢这本书的第一作者胡勇，他负责全书的统稿工作，是他的工作把前线记者们针对每一家公司的独立采访素材，最终捏合成一本完整、有主线、有逻辑的书的内容。他也是我合作过的最有考据精神的写作者，不仅挖掘、补充了大量的背景信息，还仔细地标注了每处信息的出处。

还要感谢阿里云的伙伴田丰、王岳、沙惟，还有很多负责诸神之战项目的伙伴，他们不仅举办了一个了不起的活动，还同时在运营着一个了不起的创业者网络，正是他们的工作才能使得采访团队能够有机会触达分布在全球各地的创业者，同时阿里研究院的伙伴也为这本书补充了大量鲜活的研究成果和数据。

同时，还要感谢参与这本书创业团队面访和素材写作的钛媒体内容团队的同学们——蔡鹏程、付梦雯、李程程、苏建勋、唐植潇、谢康玉、周玉琴，这些采访都是他们在本职工作之外完成的，但正是这些分布全球的面访、思考和写作，为这本书贡献了最坚实的内容基础。我们也要感谢所有接受采访的创业团队，创业维艰，感谢他们抽出宝贵的时间准备和接受我们的采访。

最后，不能忘记感谢人民邮电出版社的恭竟平、马霞，感谢出版社团队的高效管理和推动，让这本书能够尽快面世。

ITValue发起理事、钛媒体联合创始人

刘湘明

2018年11月